人間の可能性を伸ばすために

実りの年　6歳〜12歳

マリア・モンテッソーリ
Maria Montessori
田中正浩 訳

To educate the human potential

青土社

人間の可能性を伸ばすために　目次

はじめに　7
一、宇宙の計画に直面した六歳児　11
二、想像力の正しい用い方　21
三、無意識についての新しい心理学　29
四、子どもの想像力に贈られた世界　41
五、大洋の劇的なドラマ　49
六、母なる大地の創造　59
七、原始世界の戦い　67

八、白亜紀　75
九、再び陣痛にみまわれた大地　81
一〇、初期の人類　87
一一、遊牧民と開拓民　93
一二、創造者であり啓示者である人間　99
一三、初期の偉大な文明　107
一四、数世代にわたるエジプト　113
一五、バビロンの生活とテュロスとの関係　119

一六、尊敬と無遠慮　127
一七、古代ギリシア精神――ヨーロッパの創造者――　135
一八、人間――その目指すもの――　143
一九、むすび　153

訳者あとがき　159

人間の可能性を伸ばすために　実りの年　6歳～12歳

はじめに

本書は、『新しい世界のための教育（Education for a New World）』に続くもので、六歳以上の子どもからの様々な要求を、教師たちがとらえられるように手助けしようとしたものです。わたしたちの学校のひとつで、十二歳まで教育されてきた標準的な子どもたちは、少なくとも、そのいくつか年上の高等学校を修了した者が身につけていることと同じくらいのことは知っており、しかも、そこまで達するのに身体や精神には何ひとつ痛みや歪みを伴うことはありません。そればかりか、わたしたちの生徒は全人的な人間として、人生の予期せぬ出来事に備え、意志や判断力を自ら働かせることに慣れ、しかも想像力を働かせ熱中することにきわだっています。まさにそのような生徒だけが、文明社会で市民としての義務を正しく果たすことができるのです。

はじめの四章は、心理学的な内容を主としており、教師が必ず関わりをもつ六歳という時期の変化したパーソナリティーについてと、それに応じて接し方を変える必要のあることを明らかにします。成功の秘訣は、興味を呼び起こすために想像力を正しく用いることにあります。興味の種子がもつ刺激は、すでに心を引きつける読み物や絵本によってまかれていますが、それらすべては、実に気高いインスピレーションをもつひとつの中心的な考えと相互に関連しています。つまり、それが宇宙の計画であり、その中で意識的に、あるいは無意識的に、あらゆるものが偉大な生命の目的に役立つのです。近年、地質学及び生物学上の発見によって、進化の概念がどのように修正されてきたか、その結果として、今や自己完成というのは、根源的な自然衝動の中での奉仕に先を譲らなければならないことが明らかになっています。

　続く八つの章では、宇宙の計画をどのように子どもに提示できるかを明らかにします。それは、自然がその目的を果たすにあたって、水が自然の主な働き手であった遅々とした時代のおびただしい変化、つまり、陸と海が地上での支配権を得るためにどのように争ったのか、諸要素の均衡がどのようにして成されたのか、そして、生命がその壮大なドラマの中で役割を果たそうと登場してきたことを、わたしたちが住む地球についてのひとつのスリルある物語として、どのように提示できるかということです。興味を引くような図表などで説明すれば、わたしたちの現在知っている大地の創造が、子どもの想像力の前で明らかになります。しかも、それぞれの自然の力が、自然のまとまりの中で意識的に、あるいは無意識的に果たすべき働きを常に強調しつつ、これに失敗することが絶滅に至ることも明らかになります。このように、物語は旧石器人が登場するまで進みます。それは、ごくわずかな生物の化石よりも、むしろ旧石器人がその環境で用いた道具類によって、最も意義深く調べ出されました。新しい精神の要素が、人間によって創造にもちこまれ、そのときから、子どもたちは、進化の中で生じてきた強い加速を理解するよう手助けされています。子どもたちは、現在では認められてはいるが、当時の人々には知られていなかった目的のために苦労して働いた最も初期の先駆者たちに、畏敬の念を払うことを学びます。遊牧民も開拓民も同様に、社会的快適さを共有し拡張するために、戦争と平和を繰り返しながら最初の生活共同体を築き上げることに貢献しました。

十三章以降は、特に文明相互の影響という観点から、初期のいくつかの文明について簡単に述べます。それは、ちょうど人間個人の中で、諸器官が別々の支配力を中心としたまわりにつくられ、やがて血液循環組織や神経組織によって結びつき、統合された人間有機体となるように、統一へ向けてゆっくりと組織化していく人間社会を示しながらになります。このように、子どもは、世界の歴史の最もスリルある時代を振り返ることによって、これまでの人類は胎生期にあり、ちょうど今、人類は真の統一とその役割を、意識的に実現できるような真の誕生を迎えていることを理解するように導かれるのです。

最後の章は、心理学的な観点に立ち返ります。それは、自身に課されている仕事が、国家にとっても、世界にとってもこの上なく重要なものであると、教育者たちをかりたてるものです。

教師というのは、いかなる政治的あるいは社会的信条への奉仕においても働くべきではなく、偏見によって誤らせられず、恐怖によって歪められない、自ら鍛えた意志や判断力を主体的に働かせることのできる、完全な人間の奉仕において働くべきなのです。

一、宇宙の計画に直面した六歳児

六歳から十二歳までの教育は、これまでの基礎の上に築き上げられますが、これまで受けてきた教育のそのままの延長ではありません。心理学上、パーソナリティーに決定的な変化が現われ、ちょうどそれ以前の時期が環境を吸収するためにあったように、本性が、この時期を文化の獲得にあててきたことがわかっています。わたしたちは、すでに始まっているかなり大きな意識の発達に直面していますが、今や、その意識は特定の方向性をもって外に向けられ、知性も同様に外に向けられています。そして、子どもからは、ものごとの因果関係を知りたいという並みはずれて強い要求が出てきます。知識というのは、学びたいという強い思いがあるところに最もよく与えられるものです。それゆえ、この時期はあらゆるものの種子がまかれるときであり、子どもの精神はよく肥えた田畑のように、文化へと芽を出す種子を受け入れる用意ができています。しかしながら、もし、この時期を軽視したり、その生命力に満ちた様々な要求に答えなかったりすれば、子どもの精神は不自然に鈍くなり、それ以後は知識を受け入れることを拒むようになります。もし、種子のまかれるのが遅すぎれば、もう興味はわかなくなるでしょう。しかし、六歳という時期には、あらゆる文化の事柄が熱い思いで受け入れられ、やがてこれらの種子が開き、生長していくことになります。もし、どれくらい種子をまけばよいのかと尋ねられたら「できる限りたくさん！」とわたしは答えます。わたしたちのまわりを、進化の時期における文化的発達から眺めると、子どもに与えるべきものには限界がないことがわかります。なぜなら、子どもの望むのは、広範にわたる好きな活動領域であり、しかも、子どもは知らないからということによって妨げられてはならないからです。しかし、現代の文化のすべてを子どもに与えることは不可能になってきており、そのため、文化のすべての要素を六歳児に導き入れることのできるような特別な方法を求める必要が生じています。それは、子どもに押しつけられる学習指導計画やこまごまとした正確さを求めるのではなく、できるだけたくさんの興味の種子をまくことにあります。これらは、心に軽くとどめられますが、意志がもっと主体的に働くようになるにつれて、やがて発芽することになるでしょう。そして、そのようにして、子どもはこのような発展的な時代に適した人間へとなっていくのです。

この年齢での教育における第二の側面は、子どもが善悪の区別という道徳的な領域を探究することに関わっています。子どもは、もはや印象をやすやすと吸収するほど感受性に富んではいません。といって単なる事実を受け入れることには満足せず、自分の力で理解しようとします。また、道徳的な活動が発展するにつれて、子どもは自分独自の判断を用いようとします。ところが、それはときとして教師の下す判断とはまったく異なることがあります。実に、反抗的になっていて、わたしたちの言うことには何でもすぐに反発するこの年齢の子どもに、道徳的価値を教えることほど難しいことはありません。母親たちは、さきほどまで実にいとおしく可愛らしかった子どもたちが、生意気でひどくごう慢になってしまったことに、しばしば心を痛めます。これは子どもに、ある内的変化が起こったのですが、しかし、その本性は、子どもの中に知識や理解を求めようとする熱い思いだけでなく、精神的独立の要求や、自分の力で善悪を見分けたいという気持ちや、独断的な権威による制約に抵抗したいという気持ちを起こさせるという点で、実に理にかなっています。今や、子どもは道徳の領域において、自身の内的な光を求めているのです。

さらに、六歳児には第三の興味深い事実が見られます。それは、子どもが単に関わりをもつためというだけではなく、ある種の組織化された活動において、他の子どもたちと仲間になりたいという要求がそうです。子どもは、一人ひとりが異なった地位にあるグループの中で他の子どもたちと交わりたがります。リーダーが選ばれ、それに従い強いグループが形成されます。これはごく自然な傾向であり、それによって人類というのは組織されるのです。もし、社会的興味や精神的敏感さをもつこの時期に、世界についての視野や考えを広めようと、子どもに文化のあらゆる可能性が示されるならば、この組織は形成され発展するでしょう。つまり、道徳の領域で子どもが獲得してきた大きな光や、彼が築いてきた高邁な理想は、のちの段階での社会組織の諸目的にとって有用なものとなるのです。

しかしながら、その他のすべての要素は飢えた知性に食物を与え、探究へとかりたてる広範な知識の分野を切り開くのに重要である以外取るに足らないものとなります。もし、わたしたちが、何らかの方法をもたずに、この仕事を始めるとしたら、それを成し遂げることはまったく不可能であることに気づくでしょう。しかし、わたしたちは、すでにその問題を解決できる秘訣を握っています。それは、幼い頃に子ども自身によって、明らかにされてきたものです。わたしたちは子どもをよく知っており、子どもはわたしたちをよく知っています。わたしたちは、子どもから心理学の基本的原理を学んできました。そのひとつは、子どもというのは、自分が要求するものを獲得でき、そして自らの選択に異議をさしはさまれることのない精神的自由を保障された、独自の活動によって学ばなければならないということです。つまり、わたしたちの教育は、子どもの精神的要求に答えるだけにとどめるべきで、決して子どもに権威をもってあれこれと頭ごなしに押しつけるものではないのです。ちょうど、幼い子どもが、自分の動きを調整するためにじっとしていられないのと同じように、もう少し年上の子どもは、自分が目にするすべてに対して、何、なぜ、何のために、と好奇心でいらいらすることがあります。

子どもは、このような精神的活動によって、自らの精神をつくりあげているのであり、それには精神を育てる幅広い文化領域が与えられなければなりません。わたしたちは、教えるものを選ぶ必要はなく、子どもの精神的欲求を満たすために、彼らの前にすべてのものを並べてあげればよいので、教えるという仕事は易しくなります。子どもは完全な選択の自由をもたなければなりません。そうすれば、彼は、望む知識を獲得していく間に、興味や真剣な注意によって徐々にはっきりしてくる繰り返される経験だけを要求します。

　モンテッソーリスクールで育ってきた六歳児は、そのような経験をしてこなかった子どものように無知ではないという長所を備えています。彼は、読み書きの仕方を知っており、なおかつ算数、自然科学、地理、歴史に興味をもっているので、それ以上のいかなる量の知識も、彼に伝えることはたやすいことです。教師は、すでに文化の基礎を身につけ、その基礎の上にさらに築き上げようと、興味をもったことをより深く学び理解したがっている者に出会うことになります。ですから教師の前には、実にはっきりと道が開けているのです。まるですることが何もないかのようにです！　しかし、実はそうではありません。教師の仕事は、決して易しいものではありません！　教師は、子どもの精神的欲求を満たすために、莫大な量の知識を用意しなければならないのです。しかも、彼は、世間一般の教師のように、一定の時間内に教科ごとにどれだけ教えるかを決められていて、決してその枠を越えてはいけないようになっている学習指導計画によって制約を受けてはいません。子どもの要求に答えるということは、明らかにそれよりももっと難しいことであり、教師は、もはや学習指導計画や時間割の陰に逃げ隠れすることはできません。彼は自分自身で、あらゆる教科における合理的な知識を獲得しなければならず、それでさえ問題の表面的な部分に迫まれるだけでしょう。でも、勇気を出して下さい。というのは、教師には助けがないわけでなく、科学的に考え出され検証された計画があるのです。

これまで子どもに非常に多くのものを与える必要があることについてみてきましたので、全宇宙に関する透察力を彼に与えることにしましょう。宇宙というのはひとつのきわだった現実であり、あらゆる疑問に対するひとつの答えなのです。わたしたちは共に、この生命の道を進みます。それというのも、あらゆる事物は宇宙の一部であり、ひとつの全体的統一体を成すように互いに結びついているからです。このような考え方は、子どもの精神を落ち着かせ、あてのない知識の探索にさまよわせないように助けます。子どもは、あらゆる事物に自分自身の宇宙の中心を見出して満足します。

子どもの興味を集中させることは確かに必要なことです。しかし、今日とられている一般の方法は、その目的にとって効果的ではありません。もし、わたしたちの教えるすべてのことが、限られた範囲のある特定の教科をめぐるものであり、子どもが覚えられるようなこまごまとした知識の伝達に限られるとしたら、成長しつつある者の精神はどのようにして興味をもち続けることができるでしょうか？　興味が内面からだけ生じる時期に、わたしたちはどのようにして子どもに興味をもつように強いることができるでしょうか？　外から促されるのはただの義務であり、労苦であって、決して興味などではありません！　この点をはっきりしておかなければなりません。

宇宙についての観念が正しい方法で子どもに示されるならば、それは子どもにとってまさに興味を喚起すること以上の意味をもつでしょう。というのは、それは、子どもの中にどのような興味よりも高遠でより心を満たす感情である感嘆と驚きをつくりだすからです。そうなれば、子どもの精神はもはやさまようことをやめて、落ち着き、働き始めます。そして、彼が獲得する知識は、組織化され、体系的なものとなります。つまり、彼の知性は、示されてきた統一体系の観念によって、全体的で完全なものとなります。そして、あらゆるものが、彼の精神が集中する宇宙の中で結びつき、位置づくことによって、興味はあらゆるものへと広がります。星、地球、石、あらゆる種類の生命、これらは互いに関連し合ってひとつの統一体系を形成しており、しかもこのつながりは非常に緊密なものであるので、偉大なる太陽について何らかの理解がなければ、わたしたちは一つの石を理解することもできません！　わたしたちが触れるものは何であれ、原子であれ、細胞であれ、広大な宇宙についての知識がなければ、それを説明することはできません。わたしたちは知識を求める探究者たちに、どんなよりよい答えを出すことができるでしょうか？　宇宙でさえも十分なものとなるかどうか疑わしくなります。宇宙はどのように生じ、どのように終わるのでしょうか？　決して満たされることのない、より強い好奇心が湧き、生涯を通してもち続けるでしょう。宇宙を支配している法則は、子どもにとって興味深く驚くべきものとなります。そして、法則自身の中にある事物よりも、もっと興味深いことを子どもは問い始めます。わたしって何だろう？　この素晴らしい宇宙での人間の仕事とは何だろう？　わたしたちは、ただ単に自分たちのためにこの世に生きているのだろうか、それとも、わたしたちにはもっとすべきことがあるのだろうか？　どうしてわたしたちは、争ったりするのだろうか？　何が善で何が悪なんだろうか？　どこですべてが終わるのだろうか？

　進んだ方法のひとつの礎石として、このような宇宙教育の計画は、一九三五年にイギリスではじめて説明されました。そしてそれは、これからの教育研究において、わたしたちのしっかりと踏みしめていく唯一の道であることが、すでにはっきりしています。それは、まったく文字の読めない無知な者には用いることはできませんが、モンテッソーリスクールで、それに向けて間接的に準備してきた子どもには喜んで受け入れられます。確かにそれは、決して新しい考えというわけではありません。というのは、最近ではすたれてしまったとはいえ、その言葉の真の意味での教育が存在してきたところではどこでも、それは当然の計画であったし、これらの問いが宗教や哲学に照らして答えられる限り、子どもたちはまず世界の創造と、そこにおける人間の位置を教わるべきだからです。その答えとは、現在もなおそうであるように、ずっと「神は地上に住む汝に働くことと汝の義務を果たすことを与えた給うた！」でした。しかしながら、この原理は、今では科学的計画に基づいて発展させ、その上、よりはるか魅力的なものとすることができるのです。

二、想像力の正しい用い方

モンテッソーリクラスの六歳児には、本質的に、それに続くコースが考えられていますが、すでに多くの文化的興味をもっており、秩序や、一般的な子どもにとってしばしばひとつの障壁となる数学に対してさえ、ある種の深い情熱をもっています。さらに、彼の手は、細かな運動をする際に、精神によって支配され、抑えられ、方向づけられています。わたしたちの初期の学校での実際的な作業は、かなり広く認められており、教育の大部分に関して別の方法を用いていると明言している学校で、わたしたちの科学的な手先の訓練が、大幅に取り入れられてきたことがわかりました。これ以上に進んだ時期には、わたしたちは、子どもたちに、特に力学と物理学について、手の活動を通して学ぶ機会を与え続けています。例えば、子どもたちは、セメントを使わずに石をくっつけて並べ、橋をつくるように言われ、そこで圧力と張力の法則を学びます。また、ひずみを計算しながら橋や飛行機や鉄道をつくることで、彼らは毎日の学校生活の一部として静力学や動力学の原理に精通するようになります。つまり、わたしたちの方法は、十分に準備されれば、どこでも適切に応用できるものなのです。わたしたちの子どもたちは、力学的に考えだされたものが実生活の各所にわたって取り入れられているところではどこであろうと、完全に機械に基礎をおいている文明に参加できるよう準備されるでしょう。

わたしたちの方法のこの部分を取り入れるにあたって、最近のいくつかの学校、特にアメリカの学校が度を越しており、そのため、この知的成長段階にある子どもたちは、知性を発達させるために考え出されたこれらの機械にだけに取り組むように強いられています。そのような学校では、自由もまた機械と結びついており、子どもたちは、自分の作業を選ぶことを許されているので、そのことについて言えばよいことです。しかし、この方法で学ぶことのできないことは何でも、取るに足りない無視してよいものとして締め出されてしまっているのです。つまり、数学やその他の抽象的教科は、子どもの自由で自発的な活動によってでは理解できないと考えられているのです。実際的な作業に基礎をおいているこれらの学校は、主として抽象的教科を教わり、事実を暗記する、いわゆる「旧式」の学校に対するものであります。しかし、わたしたちはその両者とも同様に反対なのです。

パーソナリティーというのは、ひとつのまとまりで、分けられないものであり、あらゆる精神的態度が、そのひとつの中心に依っています。このことは、手が知性と並行して働くことを許されれば、知的なものや抽象的なものを含めたあらゆる領域で、わたしたちの夢や期待をはるかに越えて作業することによって、幼い子どもが明らかにしてきた秘密です。子どもたちは、手の活動を通して抽象的教科に達するとき、それらに強い愛着を示します。彼らは、これまで理解しにくいと考えていた文法や数学といった知識の領域へと進んでいきます。わたしは、手で作業をするには、人は教養のない精神をもっていなければならないとか、教養ある精神は手の無器用さと一致する、といった理論がどのようにして現れたのか不思議でなりません！　全人格を伴って機能することを許されないで、頭脳労働者あるいは肉体労働者として、一人の人間がいずれかに分けられなければならないのでしょうか？　一面的な発達が全体にとって有益であるという考えのどこに論理性があるのでしょうか？　教育運動に生涯を賭けてきた著名な人たちが、近年の話し合いで、実際的方法と知的訓練のどちらが選ばれるべきかを真剣に議論しています。しかし、訓練というのは、全体的発達によってのみ得られる結果であり、手の活動によって助けられた精神の働きの結果であるということを、子どもたちがわたしたちに明らかにしてきました。全体が機能し合うようになって、訓練があるわけで、それ以外にはありません！　種族、集団、国家は、そのような自発的な訓練とつながりの結果なのです。ただひとつの問題があります。それは全体における人間の発達です。つまり何らかの結びつきで、ひとたびこのことが達成されると、子どもであれ国家であれ、その他あらゆるものが自発的にそして調和的にそのあとに続くのです。

そこで、全人格が関わらなければならないということや、それが、まず宇宙の観念によって一点に集められる必要があることを納得したとして、どのようにして、いつ、その観念が示されるべきかという疑問が生じます。わたしたちは、年少の子どもたちがいるところで、年長の子どもたちに話しかけるといった間接的な方法が有効であることを、年少の子どもたちから学んできました。というのは、わたしたちの学校では、限られた範囲ではありますが、そこにはいろいろな年齢の子どもが集まっているからです。わたしたちが、年長の子どもたちにあるものを示そうとすると、年少の子どもたちが強い興味を示しながらまわりに集まってきます。特に、この興味は、太陽と地球の相対的な大きさを、球体と点によって例示した図表に対して、六歳児によって示されました。年少の子どもたちは、これが自分たちの願いを実現してくれるものであるとわくわくして離れようとしませんでした。ところが、年長の子どもは、その教え方が彼らのために計画されていたのに、むしろありふれたものとしてしか受け取っておらず、同じような興味を引き起こすには、何か別なものが必要でした。このような熱中するということと、単に理解するということの間には、ひとつの相違があります。年少の子どもの想像力に影響を与えた点と空間は、彼のこれまでの限界を越え、物理的環境の範囲にはない、つまり手によって把握することのできないものに対して、あふれんばかりの熱い思いを残しました。さらに、もし、この特別な例示によって、年長の子どもが心を動かさなかったとしたら、それは、いまだ知られざる宇宙への大きな歩みによって、彼を小さな世界を越えて広い世界へといざなう想像力に、同じように影響を与える力をもつものが、何もなかったということではありません。むしろ、子どもは助けがないために、そのような驚きと神秘に到達できなかったのです。子どもが六歳から十二歳までに導かれるものは、このような高い現実に沿ったものであり、それは、想像力によって把握できるものです。想像的洞察力は、ある対象を単に知覚する力とはまったく異なるものです。なぜなら、それには限界というものがないからです。想像力は、無限の空間を旅するだけではなく、無限の時間を旅することもできます。つまり、わたしたちは幾多の時代を後戻りすることができ、そこに生息していた生物と共に、かつてあった地球を洞察することができます。子どもが理解したかどうかをはっきりさせるには、彼が心の内にひとつの洞察力を形成することができるかどうか、つまり、彼が単なる理解のレベルを越えているかどうかを見なければなりません。

人間の意識は、想像力のひとつの燃え立つ球としてこの世に現れてきます。物質的なものであれ精神的なものであれ、人間が発明したものはすべて、ある者たちの想像力のたまものなのです。わたしたちが歴史や地理を学ぶには、想像力がなければどうすることもできません。わたしたちが子どもを宇宙へと導こうとするとき、想像力以外に何が役に立つのでしょうか？わたしはそのような教科を、想像力を用いることを否定するような方法で、想像力にとって貴く創造的な手助けになるかもしれないとして示しながら、他方で、子どもに視覚化できないものを覚えるように求めることは、ひとつの犯罪であると考えます。このような教科は、子どもの想像力に影響を与え、彼を熱中させ、そして、明るく燃えさかる火に油を注ぐように示されなければなりません。

優れた教育の秘訣とは、子どもの知性を、種子がまかれるよく肥えた田畑とみなし、燃え立つ想像力の熱の下で育てることにあります。それゆえ、わたしたちの目的は、単に子どもに理解させることにあるのではなく、ましてや子どもに暗記させることにあるのでもなく、深く秘められた核心に対して自らを熱中させるように、子どもの想像力に影響を与えることにあります。わたしたちは、自己満足した子どもを欲しているのではなく、熱意ある子どもを欲しているのです。つまり、わたしたちは、いろいろな理論というよりは子どもの中に生命を植えつけ、身体的だけでなく精神的、情緒的成長においても子どもを援助したいのです。そのため、わたしたちは、人間の精神に対して雄大で高邁な観念を示さなければなりません。そして、人間の精神は、いつもこれらを次から次へと求め理解しようとしていることをわたしたちは知っています。

一般に教育家たちは、想像力は大切なものであるということに同意しますが、彼らは、それを知性とは別なものとして育てようとしてきました。それはまさしく、彼らが、知性を手の活動から切り離そうとしたのと同じです。彼らは、人格の解剖者です。学校において、彼らは子どもたちに、現実の無味乾燥ないろいろな事実を学ぶように求めます。一方、子どもたちの想像力は、確かに不思議に満ちた世界についてのおとぎ話によって育てられており、子どもが現に生活し、自分たちを取り巻く世界によっては育てられてはいません。もちろん、これらの話は、子どもの心を、哀れみや憎しみに向けて動かす深い感銘を与えるような要素を含んでいます。なぜなら、そのような話は苦悩や悲劇に満ちており、飢えたり、虐待されたり、捨てられたり、裏切られた子どもたちで満ちているからです。ちょうど大人たちが、悲劇のドラマや小説に楽しみを見出すように、これら悪鬼や怪物についての話は、子どもを喜ばせ想像力をかきたてますが、それらは現実とは何ら結びつきがありません。

ところが逆に、わたしたちは、子どもに宇宙の物語を示すことによって、想像力を再構築するための千倍以上も無限で神秘的なものを彼に与えます。それは、どんな寓話も表わすことのできない、ひとつのドラマです。もし、想像力が、単におとぎ話によって育てられるとしたら、それがもたらす楽しみは、せいぜいあとになって小説を読むのに受け継がれることでしょう。しかし、わたしたちは決して想像力の育て方を、そのように限定すべきではありません。楽しみを空想的な話にだけ求めることに慣れてしまった精神は、徐々にではありますが確実に怠惰になり、より高貴な熱中ができなくなります。社会生活の中で、わたしたちは、このような精神の怠惰についてのあまりにも多くの例に出くわします。つまり、ただきれいに着飾り、友達と世間話をし、映画に行くことだけに関心がある人々です。彼らの知性は、今や動かすことのできない障壁の下に救い難く埋葬されています。彼らの興味は、徐々に狭まり、やがて小さな自己のまわりに集まり、この世の不思議や苦しんでいる人間への憐れみの心を閉め出してしまうことになります。これこそ、彼らにとっての正真正銘の生命における死なのです。

三、無意識についての新しい心理学

今世紀初頭から、ひとつの大きな変化が心理学研究に起こってきました。新進の心理学者たちは、学校がいかにその新しい流れに沿って導かれるべきかについては考えていませんが、既存の教育の方法ととても意義深く争っています。しかし、現実には、この新しい傾向はすでにわたしたちの学校に現われており、古い心理学の理論は実践や組織のどちらにおいても何んら関係ありません。現代の心理学は、わたしたちの方法にまさにうってつけです。なぜなら、古い科学は、意識の表面的事実の観察に基礎をおいていたのに対して、新しい科学は、無意識的精神を観察し、生命の事実と精神の関係を見出すために、その秘密を綿密に探ろうとしているからです。

これまでの心理学者たちは、生命の事実と心理学的要素を両極に峻別しました。しかし、無意識の領域についての探究者たちは、心理学的要素の研究が生物学的要素と同じ基礎に据えることができること、さらに、精神は統一体でひとつの全体であり、それぞれ意識的に訓練される記憶・理性・注意そして観念の連合のように、いくつかの別々の精神的機能には分けられないことを発見してきました。教育は、主に教わるものを理解するための注意力あるいは理性の力、そして、学ぶための自発的努力としての意志力を別々に訓練することに関わっていました。しかも精神は、外界から印象づけられ、訓練されるものとして、生き生きとした本能よりも優れたものとみなされていました。今日では、精神は個別の精神的機能としてではなく、ひとつの全体として考えられており、全人格と不可欠に結びついています。このようにして、現代の心理学は、わたしたちの教育の方法を補うものとなっています。

このような新しい考え方と一致して、わたしたちは、三つの主要な精神的要素に関わっています。それらのうち第一のものは、生命そのものの一部である生き生きとした要素です。これは、個人が体験した経験のことごとくを保持する力を備え、しかもそれは、人類に固有のものではなく、あらゆる生物にもあてはまるものです。わたしたちは、生活から何らかのものを得るために、これまでの様々な経験の痕跡を保持しておかなければなりません。ここで記憶が、わたしたちの助けとなってくれるのです。しかし、わたしたちはすぐに、その印象が、いかにぼんやりとしてあいまいなものであるかという意識的記憶のもつ欠点に気がつきます。しかしながら、現代の心理学は、無意識または下意識が、あらゆることを覚えており、そのため今や記憶はひとつの大きな神秘の局面にあり、その解明のために緻密な研究を必要としていることを明らかにしています。

　この下意識の記憶は、信じられないほどの可動性をもっており、わたしたちは、それを意識していませんが、そこにすべてのことが記録されます。このようにして、種族の記憶があり、その助けによって、あらゆる生物がその種を繁殖させ、生活様式を永続させるのです。また、それによって、鳥はその種族の昔から行ってきた方法に従い、自分の巣をつくることができるのです。この偉大な記憶は、「ムネメ」と呼ばれ、それによって子どもは無意識のうちに人間の話の音声を認知し、模倣のためにこれらの音声を保持します。ムネメのごくささいな部分だけが、意識の領域に入り込み、その部分が、いわゆる記憶というものなのです。そして意識の中に入ってくるごくささいな部分に限らず、個人が生活の中で経験するあらゆることがムネメの中に保持されるのです。

　心理学でのある簡単な実験で、ある者が、分離したつづりの表を記憶し、そして記憶が薄れた二、三日後、記憶に基づいて同じことを繰り返すように求められます。彼はそのつづりを忘れてしまっているでしょうが、今度は、はるかに短時間で再び記憶することができるでしょう。なぜかというと、それらは、ムネメの中に保持されていたからです。つまり、ムネメの中に残っているのは記憶の蓄積ではなく、こぼれ落ちてしまった意識的記憶に対して、経験を呼び起こすひとつの力なのです。ある教育を受けた者が、学校で教わったことについて何も記憶していないとしても、彼は、それらの教科について素早く理解する能力としての知力を備えており、それはムネメによって保持されてきたものです。このように、それは教科自体の中での経験ではなく、ムネメの中に残された教科の痕跡であり、それらが精神を強固なものにするのです。そのような痕跡は、エングラムとして知られています。

下意識は、このようなエングラムで満ちており、知性は意識的記憶によるよりも、エングラムによってはるかに多く育ちます。この事実を利用することによって、わたしたちの学校では、子どもの知的能力が増大するようになっています。ところが、一般の学校では、意識的記憶の中に知識を蓄えることが唯一の目的となっており、絶え間のない多様な経験によって、エングラムを増大させるような機会が、子どもには与えられていません。

もうひとつの精神の生き生きとした要素とは、ある行為を成し遂げたいという無意識の衝動で、それは「エラン・ヴィタール（生の衝動）」と呼ばれてきたものの一部分にあたります。哲学者ベルクソン（Henri Louis Bergson, 1859-1941）は、あらゆる生物のもつエングラムを蓄えるために経験にかりたてる生き生きとした衝動に対して、このような名称をつけました。この力によって、わたしたちの学校の子どもたちは、自発的に作業に取り組み、完全に満足するまで同じ経験を繰り返し続けるのです。それは、「生の意志」と呼ばれることもあり、人間に関しては、意識的、精神的要素に属しますが、その他の生物においては、生物学的で、下意識的なものとして位置づけられています。生の衝動は、まさしく生命のあらゆる面に存在しており、それが精神の意識的部分に現われてくるとき、意志としてひとつの自発的要素となります。はるかに強い下意識における生き生きとした衝動は、今日、心理学者たちによってホルメと呼ばれています。ホルメは、ムネメを記憶の領域と比べたのと同じように、意識的な意志の領域と比べると、相対的にかなり広い範囲の領域になります。人間は、催眠状態におかれているように、意識的に行為の中に入ってくる意志がなくても、ホルメを通して行為をするよう強いられるかもしれません。つまり、このことがまさしく人間性にとって危険であると感じられているものなのです。なぜならば、これらは、わたしたちがまだ気づいていない能力であり、それらに対して自分自身を適切に守ることができないからです。精神の内的関係は、人々がしばしばその理由に対して、まったく説明のつかない行動をするというような、人間の心理学に関する大変重要な部分を占めています。子どもたちがとる自らに深刻な影響をもたらす行動は、このタイプのものです。しかも若い世代が、これらの危険に対してうまく自分を守るように成長するためには、それらの危険が理解され、モンテッソーリメソッドによるように、意識というものがはじめから正しく発達させられ、訓練されることが必要なのです。

　この下意識的精神の複雑な関係における第三の重要な要素は、観念の連合または思考の継続的形成の原理と呼ばれているものです。あらゆる教育の方法は、主としてこれに基づいてきたものであり、ある最初の観念のまわりに、より多くの観念がそれに合うように、あるいはまったく対立するように集まるとするものです。現代の心理学者たちは、今日、これをほんの二次的な重要性しかもたない、表面的にあてはまるにすぎないものとみなしています。彼らは、精神が何かに興味をもつときはいつでも、下意識の中で結びつくエングラムに比べて、観念にはあまり重きをおきません。このエングラムの連合は、自発的なもので、引き起こされたどの観念の鎖よりも、はるかに活発で力強く、長続きするものなのです。数学を勉強しているある学生が数時間かけてある問題に取り組みながら解けず、「一晩寝て問題を考えよう」と決め、目が覚めるとその答えが簡単であることがわかるのはよくあることです。それは、彼がひと休みし、そのことによってよりよく理解し、考えることができるようになったということでしょうか？　いいえ、目覚めるとすぐに精神の中で、その問題がすでに解かれていることに気づいています。それはあたかも、解決それ自体が、彼を目覚めさせ、それを心に銘記させたかのようです。それは、エングラムが眠らずに連合して作業をし、それを意識の中に押し込んだからこそ起こりえたのです。

このように、すべての人間は、その下意識の中で最も知的な作業をしているといえるかもしれません。そしてそこでは、心的複合がエングラムの構造物にあたるのです。これらのものは、観念の連合をつくりだすよりもはるかに役に立つものです。なぜなら、それらは、わたしたちが意識的にはできないような仕事をするために自らを組織化するからです。心的複合というのは、ものを書く人にとって、意識的精神に新しい、どちらかといえばインスピレーションにあたるような素晴らしい観念をつくりだすのを助けます。これらの複合の働きは、教育の中で非常に重要なものです。

これらの発見を通して、わたしたちは、今では作業のいくつか重要な部分を記憶することに取り組むよりも、むしろそれを軽く学習し、そして完全には忘れてしまわないで数日間放っておき、エングラムが集中的に自らを組織化できるよう余裕を与えるように勧められています。これがまさに、モンテッソーリスクールで起こっていると観察されたことであり、そこでは、子どもたち自身の精神過程についての意外な新真実が、心理学的研究に先じていました。他の子どもたちが作業をしているのに、自分だけ一人歩いている子どもたちをしばしば見かけますが、それは、彼らが何かを学んだすぐあとには、平静さの必要性を感じるからです。教室へ戻ってくると、彼らは新しい能力を示すでしょうが、それはちょうど、休暇のあと学校へ戻ってきた子どもが、以前にはあいまいであったものを理解できるようになっていることに気づくのと同じことです。このような事実に照らして考えれば、試験のための詰め込みが何と役に立たず、むしろ有害でさえあることが明らかなのです！

わたしたちは、現代の心理学者たちとこれら多くの点で一致しており、彼らの仕事がわたしたち自身にとって補足的なものであることを喜んで認めます。しかしながら、わたしたちは彼らとある重要な点で意見を異にしなければなりません。彼らは、これまで自分たちの理論を教育問題に適用することに失敗してきており、人類の次の世代によってだけその適用が達成されると確信するに至っています。しかし、わたしたちは、正しい条件の下であれば、それらはすぐにでも適用できることを知っています。心理学的研究は、学校の外で進められてきており、その結果は、大人の人間性と無意識への実験的で綿密な調査から引き出されてきたものです。しかも、心理学者たちは、新しい方法を子どもたちに実践したとき、彼らは、固有の態度で反応するだろうと期待していたのに当てが外れてしまいました。しかし、わたしたちは、子どもの心理が大人とは違い、その本質的条件は、子どもが知的に活動できるような整えられた環境の中で、行動できる自由であるということを学びました。教師たちが、自分たちの結論を子どもに押しつけている限り、理論的にはその心理学的研究がどんなに適切なものであったとしても、彼らは子どもの自発的な興味と心の傾注という目的を達成することは決してないでしょう。このように、最近、精神分析に従って、本能の昇華ということについて多くのことが言われており、教師たちは情操の育成によって、このことを果たそうとしてきましたが、学校の子どもたちはまったく反応していません。わたしたちが、子ども自身から出発して進んでいるように、心理学者たちは、動物の行動や精神分析に対する大人の反応に理論を基礎づけており、途中のある地点で、わたしたちと合流しながら、教育改革へ向けて進んでいます！　彼らは、自分たちの理論に合う教育の方法を探しており、一方わたしたちは、自分たちの方法に合った心理学上の理論を探しています。

この本能の昇華のひとつの例として、現代のある作家は、現代科学は昇華した好奇心に対するひとつの記念碑であると適切に表現しています。わたしたちもまったく同感です。子どもは、生命の始まりと、今日に至るまでの進化について、親しみのもてる観念を与えられれば、科学とそのすべての驚くべきものに大変な興味を獲得できることを立証してきました。もし、心理学者ができると考えているよりも、ずっと早い時期に、子どもにそれらを示せば、子どもの好奇本能がそのような高遠な興味によって昇華されることを、わたしたちは知っています。子どもは、この幼少期だけに、あとには見られないような鋭い感受性と興味を特に与えられており、その時期に、もし、そのような教科のために情操をすでに身につけてさえいれば、科学的にしかも正確に学ぶことができるということを、わたしたちに教えてくれました。彼はそのときには、もはや単なる好奇心でなく、ひとつの強い興味、つまり情緒に基づいた熱中を覚えているのです。

子どもは、精神的成長と情緒的成長が結び合わさっているため、学ぶあらゆることを愛すべきです。彼に提示されるものは何であれ、彼の想像力を刺激するように美しく、明確でなければばなりません。いったんこの愛が燃え立てば、教育者が直面しているあらゆる問題が消え失せるでしょう。偉大なイタリアの詩人ダンテ（Dante Alighieri, 1265-1321）は、「最大の知恵はまず愛することである」と言っています。魂を昇華するためには、人はこの完全なる愛の状態に到達しなければなりません。それは、人間的な愛と区別するために知的愛と呼ばれているものです。子どもたちは、数学といった抽象的な教科を愛することができるし、現に愛しています。ですから、愛は精神的作業に関しても存在しえるし、未来への心理学者たちの夢は、すでに達成されているのです。

　この全教科にわたる愛の感情が、子どもたちの中に生じたとき、一般に人々はもっと人間的になり、野蛮な戦いは終わりを告げるよう望まれています。しかし、科学や芸術、そして人類がつくりだしたあらゆるものへの愛は、男女を互いに愛し合わせるには十分でないでしょう。美しい日没を愛すること、または、小さな昆虫を驚きをもって眺めることは、必ずしも人間性への愛情という強い感情を呼び起こすとは限りません。わたしたちがこれまで、そして、現に享受している多くの衣食や数えきれないほどの発明をもたらしてくれた人々に対して、わたしたちの心の中には何の愛も存在していません。わたしたちは、自分たちのために成されているあらゆることを、感謝の念をもたずに受け入れ、享受しています。それはちょうど、無神論者が神から愛されていながら、感謝の念をもたないのと同じことです。おそらく、わたしたちは子どもに、神に感謝し祈ることを教えるでしょうが、神の創造物の中で最も卓越した行為者である人類に感謝することは教えません。すなわち、わたしたちは、より豊かに暮せるように毎日命を捧げてくれている人々に関心をもたないのです。子どもは、もし、これらの教科が、最初どのようにして研究されるようになり、誰がそれらを研究したのか理解できるように導かれれば、あらゆる教科に大きな喜びをもち、簡単に学べることに気がつくでしょう。わたしたちは、読んだり書いたりしますが、子どもは書くことや、書く道具を誰が発明したのか、どのようにして印刷が始まり書物が多くなったのか、教わることができます。あらゆる業績は、今は亡《な》き者の犠牲によって生み出されてきたものです。どの地図もみんな、探検家たちや開拓者たちの努力を雄弁に物語っています。彼らは、新しい土地、川、湖を発見し、わたしたちの暮らす場所のために世界をより大きくより豊かにしようと、苦難と試練に耐えたのです。

わたしたちは、教育において、常に子どもたちの注意を、実に人間愛に輝いていながら、名声のきらめきからは遠ざかっているような多くの人々に向けるようにしましょう。それは、今日説かれている兄弟愛のような漠然として無気力な感情でなく、労働階級は救済され向上されるべきであるという政治的感情でもありません。最も求められるものは、人類に対する恩着せがましい慈善ではなく、その尊厳と価値に対する畏敬の意識です。このことは、まさにわたしたちみんなの中にあるべき宗教的感情と同じ方法で育てられなければなりません。なぜなら、わたしたちは、隣人に無関心でいながら神を愛することのできる者はいない、ということを思い出すまでもないことです。

四、子どもの想像力に贈られた世界

子どもたちが、宇宙に興味を抱くようにするには、ただ単に宇宙の構造を理解させようと宇宙についての要素的な事実を伝えるのではなく、子どもの心理に合った受け入れ易い方法となった、ひとつの哲学的な性質をもつはるかに高遠な観念から始めるべきです。ここで、わたしたちは、ある神話や物語に助けを求めることができますが、それらは完全に空想的なものではなく、自然の心理を象徴化したものでなければなりません。

わたしたちは、固体、液体、気体の三つのおおいと、その三つのおおいに浸透していると同じくすべての外的環境を占めている第四の生命のおおいによって、地球を語ることができます。それは、あるときは「生物圏」または生命の天体と呼ばれており、外界から突然、地上に雨を降らせるものではなく、毛皮が動物の一部であるのと同じく密接に地球の一部を成すものです。動物の毛皮が本質的に動物の一部であるように、地球の本体の一部であるということは、その機能は、それ自身のためばかりでなく、地球の維持と変容のために、地球と共に成長することにあります。生命は、地球の創造的力のひとつです。つまりそれは、ちょうど物理的、化学的変化を支配する法則があるように、生物学で研究されている特定の法則をもったひとつのエネルギーなのです。わたしたちは、すでに生命は活動へ向けてのひとつの傾向性をもっており、それは印象を獲得し、保持する力をもつことを学びました。これらは、心理学において研究されているように、精神のために何か新しいものを築き上げる力であり、しかもそれらは、基本的なエネルギーとして生命の主要な力なのです。活動へ向けての衝動は体験へと導き、それは精神的有機体によって保持されます。動物においても、人間においても同様に、ムネメとホルメは精神的、身体的に異なった領域で働きます。そして、その機能において、生命は自身を維持しようとする傾向があります。それは同時に、その経験によって、存在の完成に導かれているのです。つまり、その自己完成の過程が進化と呼ばれているものなのです。

ちょうど、動物の毛皮が、その動物と共に成長し変化するように、また、ひな鳥の羽が成長するにつれて形や色の美しさを加えるように、生命もまた地球の進化と共に変化を経験します。生命は自身のために完成へ到達することを必要としているのではありません。創造物のもつひとつの本質的な要素として、それは世界を変えることにおいて役割を果し、その変化は自身の完成を願うというよりは、地球の必要性に一層関連しているのです。

生命は、ひとつの宇宙の行為者です。子どもたちの想像力を刺激するには、この真理をどのように、彼らに示したらよいでしょうか？　おそらく子どもは、大きさによってより印象づけられると思われます。そして地球上の驚くべき広さと生命の重要さが容易に伝えられるでしょう。なぜなら、子どもはすでに数の力を身につけているからです。わたしたちが、その数を予測できないとわかっている大洋の海底にいる生命について教える前に、子どもは簡単に手に入る各国の人口数を教えられます。まず、わたしたちは、その大きさからして、小さな魚よりも必然的に、その数がはるかに少ないに違いない、海の印象的な巨人である鯨をとりあげます。鯨は北洋に群れを成して生息していますが、寒い季節にはより暖かい海域へと移り、そこで南極からやって来たマッコウクジラといった他の群れと合流します。そのときには、それらの群れは数百どころか数十万頭も数えることができます。そこでわたしたちは、もっと小さな生物が無数の大群を成している海の他の生命を想像できます。わたしたちは、想像で絵を描くために数の助けを必要としており、もしも、統計が利用できない場合には、わたしたちは、ある季節に魚が海面まで上昇する海域の話しをすることができます。そのようなときに、魚は、三十から四十平方マイル（約77.7~103.6km²）の海域にわたるのは知られているし、海底での混乱から海面に現れてくるのは、そのほんのわずかにしかすぎません。さらに、比較的狭い地域から年に一度の漁獲を陸揚げするために、一万艘《そう》もの船が向かっていることや、たった一種類の魚、鱈《たら》のヨーロッパだけの売上げが年間四千万ポンドにものぼっているということに気づくなら、わたしたちは、海洋の生命の大きさについて何かを実感し始めるでしょう。さらに、鰊《にしん》は一度に七万の卵を産み、鱈は年に二度、百万の卵を産むという産卵の率と、十年間そのことを当然のように繰り返しながら生き続けるということを考えてみて下さい。

子どもたちは、このようなとてつもなく大きな数を算出するのが好きですし、そのとき、魚は生命に関して上流階級に属するものであり、下層階級は極限数をもってしても数えることが十分でないほど、はるかに多いことを話してもらえるかもしれません。特にクラゲが、最も速い汽船で、その群れを突っ切るのに三日もかかるほど多数海面に群がることも知られています。そして、これらの巨大な群れ自体が、もっとはるか数多くの小さな生物を、数えきれないほどの触手でとらえて食べて生きており、その数は限りがないようです。澄んだ夜の星と競うように、熱帯地帯の海に何マイルにもわたって燐光で輝いている微生物が、どれくらい多くいるのか、わたしたちは想像することができます。顕微鏡のたった一滴の水の中に、わたしたちは数百の微小な生物を認めることができるのですから、広い大洋では、その数はどれくらいになることでしょうか？　このような海洋の生物の中で、最も小さなもののひとつが、十日の間に自分自身と同じような百万の個体を産めると見積もられています。ということは、二十日後には、この一つの小さな生物が百万の百万倍になり、そして、一ケ月の間には、百万の三乗となります！

地上の植物や動物の生命においても同じような発見がされています。偉大な探検家であるリビングストン（David Livingstone, 1813-1873）は、中央アフリカで自分を追い越していったひとつの群れの中に、四万頭のカモシカを数えています。空では、飛んでいる鳩の群れが太陽の光りを曇らせたり、また、南アメリカにいるある海鳥は、非常に数が多いために、羽を休めた断崖に残した排泄物が、「鳥糞石」（海鳥の排泄物が堆積し固化したもので燐鉱石や肥料として用いられ、チリやペルーで産出）と呼ばれる貴重な交易商品となっていることが知られています。バッタの群れは、多くの国でやっかいものであり、それらが飛来して田畑を通過すると、穀物の穂のことごとくがきれいになくなってしまい、通った跡は飢饉が起ります。植物の生命の数は、もっと数え切れません。下生えが入り込めないほど密生しているため、動物でさえも食物を探すのに木の一番上を進まなければならないほどの森があります。

生命は、冒険好きで、陸同様海や空でも多くの危険に囲まれています。海洋に住む種族は、より大きな生物の貪欲なまでの食欲によって常に絶滅の脅威にさらされており、それら自身も順番に犠牲になっています。地上では、このような危険の代わりに、生命の一部を奪う飢饉、洪水、噴火、伝染病があります。しかし、これらのうちどれも、空気か水のどちらかが欠乏した場合に起こりうる破滅状態とは比べものになりません。その場合には、あらゆる生命がひとつの偉大な神技の下に絶滅するでしょう。その他のすべての危険に対しては、生物たちは自己保存の本能によって武装しており、そのため、種族を維持するのに十分なだけ生きながらえます。しかし、このような欠くことのできない要素を奪われることに対しては、いかなる生物も、何らの防備をもち合わせていません。さらに、ある人々は、太陽の冷却から生じる地球の危機や、起こるかもしれない彗星《すいせい》との衝突について警告してきましたが、このような危険の恐れは、空気や水の欠乏に比べればとても起こりそうにない二次的であまり重要でないものです。

地球上のはるか昔の生命の始まり以来、大陸が沈下し、世界の均衡が変わるという大きな変化を通して、これらの二つの要素は、必ずしも現在の形とは同じではないけれども、その純粋さと本質的性質において一定不変のままであると思われます。守らなければならないのは、その純粋さであり、この純粋さは、何から成っているのでしょうか？　水は多くの成分の合成物であり、十万分の七という割合で一定の塩分をごく少量含んでいます。このようなわずかな量は無害ですが、もし、十万分の四十の限度にまで増加したとすれば、いかなる生命も生きながらえることはできません。いくつもの川が絶え間なく、大洋にたくさんのものを注ぎ込んでいるにもかかわらず、海が炭酸カルシウムというこの毒物を決して含み過ぎないのは、どうしてなのでしょうか？

同じように、空気は二酸化炭素と呼ばれる有毒な気体をほんの一部含んでいることがわかっており、それがまた、他の自然力の働きによって継続的に加減されなければ、致命的な結果をもたらしていたでしょう。あらゆる植物や動物は、呼吸によって、この有毒な気体を放出しており、あらゆる腐敗しつつある組織体がその気体で大気を汚すことがわかったとき、わたしたちは、自分たちの呼吸に適する確実に十分な空気をどのようにしてあてにすることができるのでしょうか？　この大気は、ほんの数マイルの厚さで、致死に至らしめる気体より軽いので大気の最も低い部分を占め、わたしたちをより決定的に破滅させるように思われます。しかし、わたしたちはこの危険に悩まされることなく、いや、それどころか神がわたしたちを守ってくれると確信して、それについて何の関心も払っていません！　しかし、事実は、神はご自身のすべての幼子たちに与え給うたこの庇護の中で、行為者を通してお働きになっており、わたしたちは、その行為者たちに感謝の念を抱き、彼らが果す役割について理解します。そこで、わたしたちはまた、宇宙の計画の中で割り当てられた仕事をもっと効果的に果たすことを学ぶかもしれません。わたしたちが誇りに思う文明と、発展の驚くべき成果のすべては、わたしたちが気づいていない働きをする地味な救い手たちが、自ら犠牲になることで可能となってきたものです。わけても、わたしたちが呼吸する空気と、非常に多くの生命の目的に必要な水を、今なお絶えず浄化してくれる者によって可能となってきたのです。

五、大洋の劇的なドラマ

天地創造は、決して神の即時的な行為ではなく、絶え間なくちょうどよいテンポで現われてきたもので、いまだに終息していません。つまり、休息という安息日には至っていません。陸と水が分かれ、陸がその排出される水の流れによって切り開かれてから、あらゆる川が、もし、妨げないままであったら、六千年ほどで大洋を埋め尽くしてしまうに十分なほどの多量の石灰質の物質を運び出してきました。そして、大地と水が、再び泥によるカオス状態の中で混ざり合ったかもしれませんでしたが、四百万年の間起こりませんでした。というのは、無生物界を支配する法則が不十分であるとわかり始めたとき、救済に現われた生物の働きにより、地殻の突然の変動が回避されたからです。

そのような逆戻りが迫った時代に、海の王国は、様々な種類の三葉虫によって支配されていました。これらは、泳ぐために、多くの足とおびただしい付属肢をつけ、三葉に分かれた生物でした。またそれらは、実に複雑な形態に進化しており、体長は一フィート（約30㎝）ありました。他の誇れる大洋の住人は、頭足類動物であり、それは文字どおり頭に足をもつことを意味しています。その中で、オウム貝が最も有名です。それは、進化のひとつの象徴であり、その最も外部の広々とした場所で生活しようと、より大きな部屋を絶えず加え続ける習性は、アメリカの詩人オリバー・ウェンデル・ホームズ（Oliver Wendell Holmes, 1809-1894）に霊感を与えました。部屋づくりのオウム貝に教えられて、その詩人は自らに厳命しました。

汝、断じてもっと壮麗なる大邸宅を建てよ
移りやすき四季の巡る如く！
汝の低き天井の如き過去を去れ
新しい殿堂をつくるごとに、前よりも一層高貴なものにせよ
さらに広大なる円蓋《えんがい》で汝を天より締め出せ
ついに汝が自由になるまで
人生の休みなき海により汝の窮屈になり過ぎし貝殻を去りて

オウム貝は、脳と神経組織を備えており、実のところかなり高度に進化を遂げていました。
これら海の住人たちは、有毒な塩を食物として吸収し、カルシウムを自分たちの殻や骨質部に

するので、これまでのところは、生命が生きていくのに十分な海水を純粋に保つには足りていました。しかし、その状況は、危機的なものとなり、新たな行為者が必要とされました。わたしたちが信仰している宗教によると、地上の自然の力を導いてきた神の子たちである天使や天神が、志願者を求めて招集をかけ、奉仕の申し出に応じた生物たちと話し合っている会議を想像できます。ウミユリ類が、現れたとき、彼らは何と素晴らしい光景に出会えたことでしょう！　それは、あたかも海底が、風が吹くはずもないのに、大気の中で腕のように揺れる色彩豊かな枝をもった木の繁る森林のようになったのでした。わたしたちは、ウミユリ類が次のように言い訳しているのを想像できます。「わたしたちを御覧なさい！　わたしたちは木のように見えますが、幹は、注石のようにセメントで結合している石でできており、そのまわりに繊細な体をはりつけているのです。しかもわたしたちには枝があり、その自らの腕を広げて、あなたがたが消し去ってほしいと望んでいるカルシウムを握むことができるのです。それは、わたしたちの食物として役に立ち、わたしたちはそれを食べ尽くし、変質させてしまっているので、死んでさえもそのカルシウムをあとに残していくことはありません。」

オウム貝の特権階級やウミユリ類でさえもないもっと下等な生物の中からも、非常に多くの者が、「わたしたちはただ単純な姿をしているだけです。その仕事はわたしたちに任せて下さい。」といいながら現われてきました。そこで、これら両者の申し出が受け入れられ、これら兵士たちは、陸と海の間の境界における戦線に呼び集められました。その小さな原生動物類は、とても抑えられない渇きをもっており、信じられないほどの量の海水を飲むことができました。その体の大きさに比例すると、それは、あたかも一人の人間が一秒間に二立方フィート（約57ℓ）の水を、生涯にわたって休みなく飲むようなものです。そして、次のように、海水をろ過したのです。それは、海水を自分たちの体を通過させ、自身の組織に変えるために塩分を取り出し、水を戻すことによってです。さらに、それらの各一匹が、十日間の間に百万匹に繁殖することができたため、それらは恐るべき多数の働き手となりました。しかも、死ぬと同時にそれぞれが、ひとつの固いカルシウムの小片としてその体を落下させ、陸地のまわりに海岸線を加えました。

それは、このような単純な形態のものが、もっとはるかに複雑な三葉虫にとって代わるにちがいないという進化に関する時代遅れの考えとほとんど一致しません。しかし、宇宙の計画が最初の熟慮をもち、これらの生物が自分たち自身の進歩にはかまわず、その計画に仕えることに満足したのです。誇らしげな三葉虫が、堂々とそして優雅に、しばらくの間動きまわっていましたが、やがて、役に立たないものとして滅んでいきました。

時代が進み、陸地は海から隆起し、乾き続けました。新しい大陸が形成され、新しい川は、以前よりもっと多くの量の炭酸カルシウムを海まで運び排出しました。ウミユリ類は、もはや均衡を保つほど十分速やかに働くことができなくなりました。そして、その危機的状況は、志願者を求める別の呼びかけによって克服されたのでした。今度は、珊瑚虫の群れがそれに応じました。「わたしたちは石のように見えますが、生きており、成長します。つまり、わたしたちは一緒にくっつき合って海水を飲み、絶えず繁殖し、組織体を形成するのです。わたしたちは、自分の体で固めて海底に山脈をつくることができます。わたしたちは、また自家用の飛行士を抱えており、彼らがわたしたちの種子を、植民地化に適した場所に入植させるために運んでくれます。しかし、わたしたちは河口の荒れた海から離れた、良い生活環境を要求します。そして、自ら出かけていって食物を探さなくてもすむように、わたしたちのところに食物を運んでくれなければなりません。」

自然の法廷は、これらの理にかなった条件を認め、その申し入れを受理しました。ウミユリ類は、自分たちの役目は終ったとして、腕を振っていとまごいをしました！　そこで珊瑚虫は、大洋の海水を必要な均衡に保つという重大な仕事を引き継ぎ、それ以来、変動も反乱もなく、ずっとそれを行ない続けてきました。

ところで、自分たちの仕事を最後までやり遂げなければならなかった、これらの固定した働き手たちの食物を運ぶのに一体誰が使われたのでしょうか？　誰かが、彼らのまわりの潮の流れをかき回さなければならなかったのです。この仕事のために、鎧《よろい》のような鱗《うろこ》をもち、とても複雑なひれをもつ魚が現われ、それが食物をとらえようとしてたまたま海水をかき回し、珊瑚虫が必要としているものをもたらしました。もっともあとになって、鎧のような鱗をもっていない、もっと軽やかで素早い魚も現われてきました。これらは、カルシウムでできていない柔らかい背骨と、尾まで続いている二本の腹筋と、二つのひれをもっており、とても素早い魚でした。また、一匹で百万個の卵を産むことができたために、その多産ということがそれらの大きさと無警戒な性質を補ってくれていました。それらに食物を与えるという問題は、他のあるものを食べることによって解決され、すべての者が、食い意地の張った追跡者から逃れる素早い速力を与えられており、それによって必要とされていたように海水を常に揺れ動いた状態にしました。それらが、食べられるためにつくられたということは、わたしたちには残酷なことだとは思えるでしょうか？　わたしたちは、宇宙の計画が犠牲を必要としているという事実を直視しなければなりません。しかし、人類が自分たちの国のために命を捧げるとき、人類によって嬉々として成されるような犠牲と同じような気高さの意識は何らないにしても、動物たちは、自然の目的を果たすことに喜びを見出しているのです。

　わたしが、もし、進化論と考えを同じくするかどうかと尋ねられたら、一致、不一致は取るに足りないことであると答えます。わたしたちは、現在、存在しているいろいろな理論の中の誤りを正すために、事実に目を向けなければならず、このようにして知識を増していかなければなりません。そうして、わたしは、かつてその分野を支配していた生物学者の考えを一歩進めたものとして、地質学者の進化に関する考えを現在信じています。地質学は、脊椎《せきつい》のない海の生物が、脊椎のあるものにとって代わられ、陸に住む冷血両生動物が、温血の哺乳動物や鳥にとって代わられたことを示す、進化についての貴重な証拠を提供してくれます。岩石の中で発見された化石は、過ぎ去った時代を再構築する想像力を与え、地球についてのほとんど信じられないような時代を如実に示してくれます。その単位は百万年で、二千五百万年は、地球の歴史のほんの一挿話となります。地質学や天文学のような学問によって、わたしたちは、無限の空間と時間を想像することができます。それらは、わたしたちの時代の最も魅力的な教科であり、子どもたちは、それらの魅力を感じることができ、現に感じています。

進化についての地質学的なとらえ方との相違は、後者は、地球とは関係なく生命を考え、前者は、進化するためつまり完成へ向けて生活し成長するためそこにおかれた創造の秩序を考えていることにあります。それは、地球上をまっすぐにどこまでも旅する者は、どこかでふちを離れて空間へと墜落するというような、地球を平面としてとらえていた古い考えと同じで、昔から伝わる考え方です。今ではわたしたちは、地球が球体であるということ、そして、この想像上の旅人は前進することをやめる必要がまったくないことを知っています。進化についての地質学的なとらえ方は、また、地球と共にあり、しかも地球と共にそしてそれを通して進化し、地球の維持と繁栄に貢献しているもっと大きな生命を、わたしたちに示してくれます。生物学者たち自身、自分たちの理論のいくつかの誤りを、つまり、どういうわけか進化する能力をもっているとは思えない、考える脳も、食べるための口さえもなく、感じる神経ももたずにじっとしたままでいるいくつかの生物を認めざるをえなくなっているのです！　彼らは、例えば軟体動物のようなものを進化の落伍者と見なしていますが、今では、海の純粋さを維持する働き手として、その価値を認めなければなりません。植物の生命も動物と同じように、今や二つの観点から考えられなければなりません。そして、もっと大切なことは、宇宙の計画におけるそれらの役割です。その宇宙の計画は、それらにより大きな完成へ向けての発達を何ひとつ示さないで、変化のない均衡をずっと維持するという犠牲を要求します。

　進化についてのひとつの局面では、完成へ向けての様々な修正によって、生命の維持に必要な要求や防衛や種族の保存や成長が達成されることを扱います。いまひとつの、しかももっと強い進化の過程における要素は、生命の目的を果たすために共同で働いているそれぞれの生物や生命のない自然物の宇宙における役割に関係があります。あらゆる生物は、意識的には目的に従順であることを求められながらも自分のために働いていますが、自分たちの存在の真の目的は気がつかないまま存続しています。もし、意識的な表現ができれば、珊瑚虫群は、川の流れに邪魔されない穏やかで暖かい海に住み、餌を求めてかきまわさないですむように、餌を運んでくれる忠実な付添いをもつことを選んだことでしょう。珊瑚虫たちは、自分たちの生活様式によって海水の純粋さを維持し、数え切れないほどのおびただしいものが生活できるよう助け、次の代の種族を養う新たな陸地をもつくるということにまったく気づいていません。それと同じように、樹木や草木は、自分たちの滋養分のために日光と、生命の維持に必要な二酸化炭素を求める欲求を意識的に高めるかもしれません。しかし、地球上のもっと高等なあらゆる生命が、依存している空気の純粋さを維持するために、これらの本能的衝動を、自然がそれらに与えているということには気づいていません。花から蜜を奪う蜂は、自分自身の要求または巣箱の蜜蜂の群れの要求に気づいているだけで、花にとって蜂が訪れることの必要性は、その種の生命を永続させるという繁殖の目的のために同じくらい大きいことに気づいていません。

人類もまた、あらゆる生物と同じように、意識的と無意識的の二つの目的をもっています。人類は、自らの知的及び身体的要求と、社会と文明からの彼に対する要求について気づいています。人類は、自身や家族や国家のために戦うことをよいと信じていますが、しかし、取り巻く環境や全宇宙への働きかけにおいて、他の者と共同するという宇宙の仕事に対する実に重い責任に気づくようにならなければなりません。それはまさに、聖書に記されているように、創造的達成へ向けて「共にうめき、産みの苦しみを味わえ」にあたります。自己達成における勝利は、すべてのものに対してのみもたらされるものであり、それを手に入れるために、あるものは珊瑚虫のように、劣った卑しい働き手としてとどまり、形態の完成へ向けての自らの進化を犠牲にして、静止したままでの有用性に満足します。他の種は、知らないうちに有用性の限界に達してしまい、自分たちに新しい要求を課すいろいろな条件に順応することができずに、生命の地位から消えます。そして、従順で鍛えられたものだけが、生命の歌という楽しい音楽に合わせて行進し続けるでしょう。

六、母なる大地の創造

わたしたちの宇宙家族の摂理についてのひとつの観念を形成するには、生命の始まりより、はるか昔の地質時代に立ち返ることが助けとなります。というのは、地球がさらにもっと先の時代から受けてきた変化や変質は大きなものだったからです。貝殻が、現在、高い山の頂上で岩石に埋れて発見されたり、大陸の中央で切り出される大理石が、強く圧縮されて光沢がある石灰石の物質からできていることがわかっており、その石の優美な模様の中には、生物の化石がそのままの姿でたどられます。海の生物が、現在生息している海底から、このような近寄り難い場所へと移動し、そこから戻ったということはないので、これらの山や内陸の平地が、かつて海の下にあり、そこでこれらの生物が生息し、陸を隆起させるよう働いたのだという結論に達します。聖書に出てくるものに加えて、数多くの神話的な伝説をもつ、あの大洪水は、何と偉大だったことでしょう！　色のついた大理石は、まぎれもなく珊瑚なのです。そして、今なお同じ建造者たちが、いつの日か太平洋上にひとつの新しい大陸をつくりあげようと島を隆起させ、働き続けています。古いアジアは、ゆっくりと崩壊していますが、新しいアジアは、建造の途上にあります。

大陸は溶けて海になり、大洋は陸を育てています。わたしたちの目の前で、あらゆるものが新しい形につくり直されるように徐々に壊されつつあります。地上の家具の運び屋は誰なのでしょうか？　洞窟の中の幻想的な石筍《せきじゅん》や鍾乳石の形をとった堆積物や、きらきらと光る塩から成る雪のように白い塔や小尖塔や、火山地帯での奇妙な色をした炭酸石灰の層で、最初の溶解岩を飾り立てたのは誰でしょうか？

岩質のものを溶かし、それらを分解して地下に運び、地表を肥沃にするために、ついには、泉によって表面に運んでくるという、このすべての美と宝のための働き手は水でした。水は決して泥棒などではなく、集めてきたものはすべて元に戻します。つまり常に高気圧の所から低気圧の所へと移る中で、それは蒸留作用によって真空を満たし始めます。それは運んできた荷物を少しずつあとに残し、そして、次第につららのような柱が、それと交わるように、地上から隆起した他の柱へ向けて洞窟の天井からぶら下がります。それは、落ちてきたしずくによってそこに残されたごく微量のカルシウムでできています。これらの荘厳な柱で、やがて洞窟は満ち、美の宮殿になります。他の鉱石物が、ときには目のくらむばかりの輝きをもったベールやカーテンとなって、赤、青、ピンク、黄などの色をその建造物に添えます。そのようなものは、多彩な色からなる雪花石膏〔石膏のうちで細粒質の白色塊状のもの〕で、イタリアで多く発見され、彫刻家たちに重んじられているものでした。水は、創造し変形する偉大な建築家です。それは、贈り物をたずさえ愛をもって大洋に急ぎ、自分自身を浄化し、その最も軽い姿となって空を漂い、そして雨となって戻り、また働き始めます。

水は偉大な溶媒で、鉄でさえ溶かすことが可能です。それは、そのようなことができるというだけでなく、それが水の存在の法則であるために、そうしなければなりません。水に備わっているもうひとつの力は、不屈のエネルギーです。どんな穴や裂け目にも浸透し、蒸気として空に漂い、雨となって戻ってくるというようにいつも運動しています。その力は大きいのですが、二酸化炭素の力があれば、溶媒として一層よく働きます。この毒物もまたひとつの自然の働き手であって、水にとっては一緒になって働く友達です。雨は、何とかして空気から二酸化炭素を取り除こうとします。そのために空気はその毒物を有効に取り除かれ、水は、岩々を溶かす助けとなるエネルギーで満たされます。そのようにエネルギーで満たされた水という偉大な坑夫は、宇宙の計画を実現するために、誰も坑道を掘ることのできないほど深く、地球の地殻の下を進んで行き、地球の埋もれた宝を循環させます。水が深く進めば進むほど、その圧力は強くなり、泉の中に吹き出し、地下の旅で集めてきた貴重な資源を沈殿させます。火山の噴火によるのと同じように、間欠泉や温泉によって、鉱物資源が地表へと運ばれてきます。

このように想像力によって、わたしたちは、草や木の葉の新緑で和らいでなく、硬い褐色の岩から成り、鳥や動物の鳴き声が聞こえず、落下する滝や、轟《ひび》きわたる雷や、なだれでころがり落ちる岩石以外にやぶられることのない静寂な太古の地球を描くことができます。そのぞっとするような褐色の地殻は徐々に、それに適したおおいで修正され、おおわれましたが、そこが生物のすみかとなるまでには、それらが呼吸しなければならない空気の純粋さを、ある行為者が確保しなければなりませんでした。

ちょうど水が魚の自然環境であるように、空気は動物の自然環境なのです。つまり、呼吸のための空気を奪われることは、食物や水を欠くことよりも、もっと恐ろしい運命なのです。この必要な空気は、一定の割合の酸素と窒素とごく少量の二酸化炭素を含んだ微妙な混合物です。その最後の成分が、わずかでも増加すると、空気は呼吸できないものとなり、窒息死をもたらします。そうして、古代の地球上には、カオスのような深いところから間欠泉や噴火口によって噴出した有毒なガスが、絶えず存在していたに違いありません。呼吸可能な空気中に含まれている二酸化炭素の割合は、たった一万分の三に過ぎません。生命がその後の天地創造の中で、役割を果せるように、その微妙なバランスはどのように達成され維持されたのでしょうか？

確かに、ここで再び、支配する知性を仮定する必要があります。生命のない創造物が完成され、自然が生き物の世界をつくるために岩をまとい、土壌を肥えさせねばならない時期がやってきました。再び、わたしたちは、想像力の中でひとつの命令でもある次のような呼びかけを聞きます。「おお、植物たちよ、荒れ地にやってき給え。そこに根をおろし、美しいものへと変え、そこでおまえが見出すいろいろな条件を、あとに続いてくる生物たちの要求に応じるように調整しなさい。地球の最果ての地にまで押し寄せて、自分の責務を果たしなさい！」大洋の中ですでに確立されていた植物の生命は、その呼びかけを聞き、陸へ向かって欠くことのできない跳躍を行ないました。それは決して彼らの条件をよくするものではありませんでした。なぜなら、これらはすでに自分たちの生活要求に完璧に適合しており、陸上でそのようになりたくないとずっと思ってきたからです。しかしながら、海や湖や川のあらゆる岸辺で、跳躍が行なわれ、荒れ地に薔薇《ばら》などの花を咲かせるといった侵入が始まりました。

彼らが引き受けた仕事のために、これら新参者が、用意されなければならなかったのです。そのため、彼らがあがめる力強い神である太陽が、彼らに緑色の貴重な贈り物をしました。それが葉緑素です。これは植物に酸素を残しながら、空気中に見つけた二酸化炭素を貪欲にむさぼり食べさせました。緑色の草木が広がっているところで、このようにして空気は浄化され、そのうち動物が、奉仕の遂行と能率を目指して、生命の衝動である進化へと進み始めるために世界は準備されました。

地球上の植物の進化は、藻類、苔類、地衣類から始まり、シダ類を経て、強さと美しさを備えた、さらにもっと複雑な形態へと、およそ三億年かかったとみられています。草木は、大地を征服し、空に高くそびえ、太い幹を支えるために強い根で土をしっかりと握み、二酸化炭素を求めて日光の下でからみ合った技と、無数の飢えた口を開いた葉で、屋根をふき、その冒険を喜んで成し遂げました。完成へ向けて生活し成長する中で、このようにしてそれらは宇宙の仕事をし、絶えてもさらに宇宙の仕事を果たしました。というのは、枯れた草木は、地球の無尽蔵の石炭の供給へと変わったからです。現代の人類は、蓄えられたその石炭がないとしたら一体何ができるのでしょうか？

幾多の長き時代にわたり、植物の生命が地球を支配しており、唯一の動物というと、巨大な大きさの、はい回ったり飛んだりする昆虫でした。地面はぬかっていて熱く、地軸は、太陽を中心とした軌道の水平面に対して現在の傾きをもっていなかったために、四季の変化がまだありませんでした。陸地は、今もなおそうであるように、部分的にゆっくりと沈下し、そこで、それまで乾燥していた森が湿地となり、川の水はその流れを妨げる根を通過してろ過され、岸のまわりにその沈殿物で塁《るい》を築き、やがて、沈殿物が古い根をおおい、新しい水面が維持され、土は地層の中に堆積されました。百にものぼる森が、次から次へと埋れているのが発見された場所があり、沈下の時代がいかに長かったかを示しています。埋れた草木は発酵し、ガスを放出し、アイルランドやオランダの湿地帯で見つかった極上の泥炭になりました。それ以上の圧力の下では、泥炭は褐炭に、そして無煙炭、最後にはわたしたちの工業化した文明で発動機の動力となるよう運命づけられている石炭にとって代わられます。アメリカ合衆国では、たったひとつの炭鉱で、石炭が四十フィート（約12.2m）、の深さで百四十平方マイル（約363km²）の地面に広がっています！　このすべての石炭の宝は、石炭紀〔古生代の中で五番目に古い紀で今から約三億六千七百万年から約二億八千九百万年前までの時代〕に森でおおわれた陸地が沈下することによって地球に贈られたものです。アラスカやシベリアなどの北極地方の陸地は、ほぼ完全に石炭でできているので、そこは広大な森で、熱帯性の気候であったにちがいありません。

地球という製造所での別の慎やかな働き手は、鉄分を含んだ微生物でした。それは、その外殻を地球の内部から水に溶けて運ばれてきた鉄で形成し、死ぬと、その遺骸を植物の生命の腐敗している姿のまわりに残しました。発酵作用で淀んだ水のある至る所に、褐色の斑点が見えますが、それは鉄を含んだ鉱床が石炭と並んで横たわっているように、鉄分を含んだ微生物が今なお活動していることを示しており、現代の製造業者に大きな便益をもたらしているのです！　これらと同じ微生物は、また、今わたしたちに石油をもたらしてくれている、ある油性の物質をも産み出しました。

現代のわたしたちのあらゆる富と能力は、生きるときも死んでからも、わたしたちのために貯蔵してくれた海や陸の植物や動物のおかげであり、わたしたちもまた、「産めよ、増えよ、地に満ちよ！」という天の命令を果たし続けるために、生き、呼吸し、働くかもしれないということは言うまでもありません。

移住する植物による陸への侵略を最後として、創造についてのわたしたちの概観の中でひとつの時代が終わります。自然は、これらの植物に莫大な努力を払って勝利を収めるよう冒険へと導き誘います。それは結局、最後には地下に埋もれて炭化することでした。わたしたちは、自然が宇宙の計画を果たすことにおいて、残酷であると結論すべきでしょうか？　そうではありません！　自然の摂理の中で、遂行すべき本質的仕事をそれらに与える場合、自然は、苦痛に満ちた犠牲などではなく、ひとつの喜びであり、妨げられることのない願望を実現した姿として、それらに義務を与えたのです。生命だけが次のように言うことができます。「わたしの奉仕に関しては、完全に自由です！」宇宙の表現としての仕事は、いつまでも生命にとって不可欠な存在であり、喜びなのです。それを避けることは、死滅を意味し、原罪の最後の審判を意味します。

七、原始世界の戦い

地球の表面が少しずつ穏やかに変形し、多くの行為者によって陸と海との均衡が保たれ、土壌が豊かになり、鉱物資源が将来の世代のために埋蔵された幾千年ののち、地球が耐えきれず、反抗するようになった危機的な時が到来したことを、わたしたちは想像することができます。地球は、もはや水の侵食に絶え切れず、その敵を湾で食い止めようと防壁を築きました。その沿岸一帯の至る所で、火山が火を噴き上げ、溶けた岩の塊《かたまり》や煮え立つ泥を吐き出し、アジアや北ヨーロッパやアフリカでは防壁が連なり、北アメリカではロッキー山脈、南アメリカではアンデス山脈をつくりました。それは数百万年も続き、オーストラリアや東インド諸島やフィリピン諸島にまで広がり、海水が横断できないような巨大な防壁を隆起させるような、まさにひとつの巨大な世界戦争でした。その結果、海のある部分は切り離されて湖となり、その水が蒸発して砂漠が残りました。その当時は、あたかも太陽の熱が減少したか、あるいは地球が以前ほど太陽の熱を受けることができなかったかのようでした。というのは、赤道地帯だけが暖かく、至る所で氷と氷河が広がっていたのです。今日、目もくらむばかりの高峰を成す山頂にさえある膨大な塩の埋蔵は、この巨人たちの戦いの結果なのです。

当時海洋に住む生命を危険にさらしていたに違いない過剰な塩を、大洋から除去するということが、わたしたちの想像力が思い起こしている大きな戦いのひとつのきっかけだったのでしょうか？　確かに、二畳紀時代〔古生代最後の紀で今から約二億八千九百万年から二億四千七百万年前までの期間〕には、海水の塩分を減らすというさし迫った必要が生じてきましたが、過剰な炭酸カルシウムのときのように、貝殻をつくる生物が塩化ナトリウムでそれを行なうことはできませんでした。そのために、あたかも宇宙の料理人が、塩辛過ぎたスープをひしゃくで汲み出し、水と取り替えたかのように、海水は、陸上のわなで捕らえられなければなりませんでした。ある混ぜ物の味をこのように改める料理人は、自分が取り出した液体を無駄にするようなことは決してなく、それと同様に、大きな塩湖の中に切り離された海水は将来の使用のために蓄えられただけで、その水分は蒸発して雲となり、そのあと地球上に戻り、そして川を通って海に注ぎ、塩はときが来れば人類が使用できるよう豊かな埋蔵物として残されたのです。

人類は年間十億トンの塩を使っていることを統計が示しており、しかも数えきれないくらいの年代にわたり消費してきました。それゆえ膨大な埋蔵量が必要だったのです。深さ百メートルの岩塩坑があり、それは結晶した塩でできた壮大な宮殿であって、大洞窟の床の穏やかな湖に反射して、ダイヤモンドのように輝く鉱柱に支えられた巨大なドームです。そのようなもののひとつが、あの有名なベルヒテスガーデン（Berchtesgaden, バイエルン州南東端の町）の近く、オーストリアとババリア（Bavaria, ドイツ南部の州でドイツ名はバイエルン）の間に横たわっています。それは千二百年にわたって採掘されてきましたが、今なお掘り尽くす恐れはありません。なぜなら、そのような塩の山脈は、地下五千フィート（約1524m）の深さからそびえているからです。シチリア島（Sicily, イタリア半島南西端の地中海最大の島）では塩の地帯が、二千四百平方マイル（約6216km²）に及び、ポーランドでは、また三万三千平方マイル（約85470km²）に及んでいます。しかもその厚さは、百メートルあります。小アジア（Asia Minor, 黒海と地中海に挟まれたアジア西部の半島）、ルーマニア、ペルシア、インドには塩を含んだ山があり、南アメリカには山脈があります。塩でできた円錐や角錐の形をした頂上は、太陽の光を受けてダイヤモンドのように輝いています。アビシニア（Abyssinia, エチオピアの旧称）と同じように、チベットやヒンズークシ山脈（the Hindu Kush, ヒマラヤ山脈から西に延びるアフガニスタン北東部の山脈）には膨大な埋蔵量があり、それは、それらの高地で蒸発した内陸の海の証拠であり、岩石の中に発見された海洋生物の化石化した遺物が、さらにそのことを証明しています。

これらの強力な城壁の隆起は、地球が燃え立つような感情で猛威をふるったことによるものでしたが、もっと穏やかな気持ちの中では、大地は侵食や陥没によって失ったものを補い、海は過剰な塩を取り除くというように、その活動は今なお続いており、それによって均衡が維持されています。それは、紅海（the Red Sea, アフリカとアラビア半島に挟まれた海）に接した塩湖や、川がそれに対して隆起した防壁のために新たな出口を見つけなければならない三角州や、ミシシッピ川の潟やオデッサ（Odessa, ウクライナ共和国南部の黒海に臨む港湾都市）で続いているのが見られるでしょう。地中海は、深いジブラルタル海峡（the Straits of Gibraltar, スペインとアフリカのモロッコとの間にある海峡）がなければ潟になったことでしょう。アメリカのグレート＝ソルトレイク（Great Salt Lake, 米国ユタ州北西部の浅い塩水湖）では、ある種の甲殻類動物以外のものは決して生存できません。死海（the Dead Sea, イスラエルとヨルダンの間にある塩水湖）は、蒸発して塩を残した海の一部として、よく知られているいまひとつの例です。

　地球の表面を大きく変え、大洋という大部分を取り残したままにした巨大な戦いは、古生代と呼ばれる時代に終わりを告げました。地質学者たちはそれに続く時代を中生代〔地質時代の区分のうち、古生代と新生代との間の時代で今から約二億四千七百万年から約六千五百万年前までの期間〕と呼んでおり、それは一億五千万年続きました。最初の頃は、水中または陸上で生息できる生物である最初の両生動物から発達してきた爬虫類動物が陸の王者でした。しかし、まだ今のカエルのように水中で卵を産んでいました。三畳紀時代〔地質時代の中生代を三分した最初の時代で今から約二億四千七百万年から約二億一千二百万年前までの期間〕と呼ばれている中生代の最初の時代区分では、最も大きな両生動物とりわけヒキガエルの一種を見ることができます。それは河口の砂にその足跡を残し、今日発見されている岩の上に痕跡を残す沈殿物と化石で埋められました。それは、もて余すほど大きな体を運ぶのに、その短い足を、手足としてというよりはオールのように使う図体の実に大きな、とてもぶかっこうなものでした。もっとましな足に発達させるために大きな努力が払われ、あるものがついに歩くことに成功しました。しかし、その足には三本の指があり、そのために、その足跡は最初、鳥類のものかと思われていましたが、やがてその骨も発見されました。そして、あるものは足を発達させるかわりに、その体をのたくることによって内陸をさらに突き進んでいきたいという強い衝動を感じ、そのために爬虫類の形態を生み出し、それらは、おそらく最初は歩行を助ける背びれを背中につけていました。これらの「背びれ」の化石化したものは骨折していることを示しており、あたかもそれらが助けになるよりは邪魔になるものであったことを証明しているかのようです。彼らは、砕くより押しつぶすのに適した歯をしていました。爬虫類は今なお、他の動物と非常に違い、飲み込む前に食物を押しつぶします。これら三畳紀の生物のすべては、おびただしいほど食べ、とても堅い葉をつけた木々や、松かさのような堅い果実を食べるので、非常に強く平たい歯を必要としました。これらの動物たちは、彼らの出した腐葉土によって地球の表面を変え、その土壌をもっとすぐれた種類の草木に適するものにしました。

次の時代、つまり中生代の時代区分でジュラ紀〔中生代を三分したまん中の紀で今から約二億一千二百万年から一億四千三百万年前までの期間〕には、巨大なトカゲのようなトカゲ科の爬虫類が現われ、それらは非常に重いために、立つのに水の支えが必要で、ほとんどの時間を沼地で過ごしていました。彼らは、体の大きさの割りにはとても小さな頭で、頭の鈍い、のろまな生き物で、いつも咀しゃくしていました。ダイナソー〔恐竜。中生代の草食または肉食の巨大な爬虫類の総称〕のあとには、それよりもいくぶん小さいトカゲ類が現われ、それらは肉食性になり、その肉づきはもっと豊かでした。それらは後ろ足で歩き、かなり速く動くことができ、二十一フィート（約6.4m）をまたぎ、獲物に飛びかかることができました。それらはとてもどう猛で、長さ八インチの（約20㎝）歯をもっていました。あるトカゲ類は、飛ぶ能力を発達させ、昔話に出てくる最初の竜になりました。そうして翼竜〔翼竜目に属する爬虫類の総称でジュラ紀に出現し白亜紀末に絶滅〕は、広げると二十から二十五フィート（約6.1～7.6m）にわたる翼をもっていました。その翼は膜からなり、一本の腕と一本の指で支えられており、残りの指は木にとまるためのかぎ爪として残り、むしろ、現在のコウモリに似ています。これら爬虫類のうちの二、三のものは、ついに陸上に住むのがいやになり、魚竜〔ジュラ紀に全盛であった魚形の海生爬虫類〕として海に戻りました。その名前は半分トカゲで半分魚であったことを意味しています。

今や、進化はその速度を速め、もっと高度な生命の形態が、その姿を現す舞台が整ったのでした。

八、白亜紀

中生代のこの最後の時代区分は、海中で生活していたおびただしい数の生物である有孔虫類によって残された土と白亜〔細粒白色の石灰石で主に石灰質プランクトンの残骸から成る〕の沈殿物から、その名前はとられたのです。その殻は、十一の輪からなる円盤状のもので、これらは、ずっとあとになってローマ人たちに貨幣として使用されました。それから、放散虫類も現われ、足で立ってその貝殻を運ぶことができ、危険が迫ると、その中に引っ込むことのできるロディストと呼ばれる甲殻類動物も現われました。

陸上では、草木が扇のような葉をつけたより優美な木に進化し、爬虫類は、自分自身を背やわき腹にある堅い骨質の甲で武装し、あるものは刺《とげ》をもっていました。ある爬虫類は、目のそばに二本と鼻のそばに二本、王冠にあたる角をもっていました。このように、それぞれのものは、同種族のもつ肉食性からの防御になる何らかのものを生まれつき与えられていましたが、自分たちよりもはるかに弱い動物にとって代わらなければならなくなってしまった中生代末期の絶滅から、自分たちを守る防御になるものは何もありませんでした。それは、「適者生存」が自然の第一の法則ではないということ、それ自体の証明です。それらが絶滅した直接の原因は、種族を保存することに何ひとつ配慮せずにごくわずかな卵しか産まず、しかも、もっと賢い小さな動物によって、これらのわずかな卵が食べられるままに放置しておいたことにあると思われます。彼らの両親がそばにいてくれなかったために、その無防備な子どもたちは、えじきとなりました。その愚かでのろまな巨大な動物は、もはや何ら有用な目的を果たすことができず、役に立てる唯一の道は、土の肥やしとなることでした！

それらの進化上の後継者たちは、体は弱いが、自分たちの子孫を何とかして死から守ろうとする母性本能の特に強い鳥類や哺乳動物であったという生物学上の発見は、素晴らしい意味をもっています。もし、進化が、単に成長を意味するとすれば、優しい鳥類がどのようにして、どう猛で巨大な動物から、その王国の連帯後継者として出現することなどできるでしょうか？しかし、だんだんと歯がなくなり羽毛がはえてくることよりも、哺乳動物と同様にそれらが示す子孫への保護本能は、進化が進んでいることの真のしるしです。自然は、愛と呼ばれる新しいエネルギーを与えて、動物の行動で弱点であったものを強化し、進化させてきました。このことは、愛が支配している限り、強烈な熱情となり、小鳥に恐れと自分のことを考えることを忘れさせることができました。それは、血の暖かさと意味深く並行して進んでいます。愛という神の贈り物は、鳥類と同じように、哺乳動物にも強く示され、その中にこそわたしたちは、生き残ることの秘密を認めるのです！

今日生き残っている唯一の鎧《よろい》をつけた爬虫類は、ワニとカメで、今なお砂の中で卵をふ化し、それらを鳥や動物が食べるにまかせて見捨てておくのがウミガメの習性です。自分らの巣を人里離れたところに隠して、見つからないように守っている鳥が示す配慮と、このことを比べてみて下さい。しかも、彼らは、しばしば自分自身を危険にさらすことによって、敵をおびき出したりします。ひな鳥が、飛ぶのを教えられているのを見ていると、熱心に付き添う親は、完全に我を忘れてしまっています！

『動物の愛情』や『昆虫の生活』という著書で、この新しい考えを明らかにしたのは、フランスの動物学者ファーブル（Jean Henri Fabre, 1823-1915）でした。ここに、愛情のあるつながりをもつ「巣」というひとつの言葉の魔法に接して、詩を書くための霊感を受けた一人の科学者がいました。しかし、鳥類よりも自分たちの子孫への愛情が、さらにもっと可能なのは哺乳類で、大きな犠牲を払ってその無力な存在を世話することにとどまらず、自分自身の体の中で成長させることによって保護し、産んだあとでは、自らの血をミルクに変えて養います。鳥類と哺乳類は、感情のない爬虫類とは異なり、冷血動物ではなく温血動物です。

はじめて地球上に現れた哺乳類は、小さくてほとんど取るに足りないものでしたが、それらは地球の進化の次の時代には最大のものになるよう運命づけられていました。それらはすぐに、もっと大きくなり、体は、生き延びてきた種に、今日見られるような姿をとりました。それらのうちで化石になった遺骸で発見されている馬は、小さな犬ほどの大きさでした。それらは、足に五本の指があり、木を食べて森の中で暮していました。やがて、速く走るために、つま先で体を起こすことを知り、後ろ足の膝《ひざ》は、前にではなく後ろに曲がるようになり、使われない足の指は消えていき、現在の馬やロバに見られるように、中指だけが残りました。その他は足と一緒になりました。

象もまた小さく、どちらかといえば首の長い豚のようでした。象は今のような鼻が現われる前は、三十六本の歯をもっていましたが、鼻が長くなるにつれて、そのうちの二本が長くなり、十本が捨てられました。そのときでも、象の大きさはやっと小さな哺乳動物ぐらいに過ぎず、まさにリリパット〔ガリバー旅行記の中の小人国〕の象でした！

たどっていける最初のラクダは、ウサギほどの大きさでしたが、まもなく羊の大きさにまで進化したようです。その首は、キリンの首のようにとてつもなく成長し、その結果、その化石となった遺骸ははじめ、ラクダ—キリンと名づけられました。それは、木の葉にとどくように首をのばし、それを食べていました。のちに、ラクダは砂漠に住むようになり、そのために食物や水を貯えておける背中のこぶを発達させました。

サイもはじめは小さく、ほっそりとした姿で、長くて細い足をもち、速く走ることができました。また、ハエから皮膚を守るために、剛毛質の毛をしていました。カンガルーは、今でもオーストラリアで見かけるように、子どもを運ぶための腹部の袋を発達させました。どう猛な哺乳類は、サーベルのような歯をもったトラでしたが、その大部分は草食性でした。当時、巨大な哺乳類は、寒冷地帯に生息していました。その遺骸は、氷の中に保存されて発見されており、その肉は今なお十分新鮮で、オオカミや犬が掘り出してむさぼって食べれるほどです。

　わたしたちが今日知る動物の姿へと発達してきたのは、このような哺乳類であり、中には紀元前五十八万年以降、新生代か第三紀の人類によって引き継がれるべきものもありました。科学者たちは、人類を完全に動物の中に含めることにためらっています。それは、何ひとつ直接の結びつきが発見されていないのと、人類の化石は、それらに最もよく似ている大きな猿の時代よりも、もっと以前の時代に属して発見されているという事実に依ります。

　地球は今や、もっと微妙な要求をする生物に対して自らを準備しました。というのは、その土壌が、それらの養分となる有機物に恵まれ、草が大地を牧草地としておおったからです。成長してきた新しい木や草木は、胞子によるのではなくて種子によって繁殖し、新たに与えられた生命の家にふさわしい飾りである花が咲き始めました。苔鮮類や苔類やシダ類が、花を咲かせ結実する植物にとって代られたときが、植物の進化の最高潮を示しています。受精のための飛行種族、つまり飛ぶ鳥や昆虫の助けは、植物が魅力的な色彩や、たよりになる風によって遠くまで運ばれる香りを取り入れることによって保証されました。多様な味つけが考えられなければならなかったために、その種類は限りがなく、それぞれの花が昆虫の中に特別な友達をもっていました。植物は蜜を準備し、昆虫は饗宴への招待に備えて美しく装い、蜂は自分のコートに柔らかい毛とビロード質のものをつけ、蝶はその羽の上の鮮やかな色でかすかな光を発しました。植物と生物との協働は完璧でした。蜂は、自分たちが蜜や蠟《ろう》の運び賃を集めに訪れた花の種子を受精させるために、自分の柔毛質の体に花粉をつけて運びました。このようにして、両者の要求が満たされ、自然の深意なる目的が果たされたのです。

穏やかな気候が広くいきわたり、木蓮《もくれん》とか銀梅花〔芳香性の常緑低木〕が、現在の北極地方に繋っていました。地球は、本当に美しかったにちがいなく、ひどく愚かで醜い怪獣は、地球にふさわしくありませんでした。あるものは「減食」を試み、足を短くし何とかして生き残ろうとしました。それは特に、ヘビへと変わる知力をもっていたものでした。あまりにも怠け過ぎて、自分自身を順応させようと努力しないものは、滅びる以外ありませんでした。ヘビは、トビトカゲの直系の子孫で、人類が現われる前は、有毒ではありませんでした。彼らは、自分自身よりも大きな胴回りの動物を飲み込めるよう、顎《あご》に一対のちょうつがいを発達させ、大いなる狡猾さや知恵で評判を常に維持してきました。

九、再び陣痛にみまわれた大地

大地は、期待と喜びの予感で震えていました。心臓は、創造の喜びに共鳴して鼓動し、身震いが骨組みを貫いて走り、感情的な涙が、新たな流れとなって、大地を勢いよく流れました。彼女の気持ちは、海水を侵略しようと戦ってきた古い二畳紀時代のときとは、まったく違うものでした。そこでは、大地はもっと穏やかで静かになり、運命づけられた主人である、人類の接近が近いことを感じて、あらゆる存在にわたって活動していました。そして人類が利用できるように新たな多量の贈り物を産み出しました。思いやりのある優しさと愛が、地球の至る所で、絶え間なくほとばしり出ました。地球が、その製造所で準備してきたあらゆる種類の金属が、地表へと運ばれ堆積しました。そのひとつが、塩のようであるが溶けない、きらきらと光る物質であり、これがのちに、人間にダイヤモンドとして貴重がられるようになったものです。鉱物資源というこの気前よく贈られた贈りものについて、インドは、地球が最も感情を込めた所として、豊富に受け取りました。インドが今日、最も豊かな国として位置していないとすれば、それは、子孫たちがその資源をまだ発掘していないからです。もし、彼らが自分たちで発掘しなければ、もっとせっせと働き、考える者が、きっと彼らにとって代わるにちがいありません。冷却しながら溶岩は、ダイヤモンドだけではなく、エメラルドやサファイヤなどの宝石の姿に結晶しました。琥珀《こはく》は、昆虫が捕えられ、化石にされた樹脂からできました。ギリシア人たちは、のちに琥珀に特に価値をおきエレクトロンと呼び、「悪魔の目」から守ってくれる魔法の力をもつものとみなしました。地球の隠れている宝や露出している宝は多く、諸力の中でまだすべてのものが探られているわけでなく、人類が探し、掘り出すのに地表からあまり深くないところに自然によって隠されています。南アフリカの鉱山業のもととなる、キンバリー(Kimberley, 南アフリカ共和国ケープ州北部の鉱山都市で、ダイヤモンド原鉱の産地)でのダイヤモンドの最初の発見へと導いたのは、子どもの好奇心でした。ダイヤモンドが豊富にありすぎて、貴重がられなくなる日が、やってくるのでしょうか?

地球の感情の中で、地殻が山脈をつくり、それらによって内陸の海が再び囲み込まれると、気温は、非常に変わりやすくなり、おおわれた谷は暖かくなりました。一方、氷や雪でおおわれた山頂は、氷河となって、ゆっくりした動きで平原へと広がっていきました。この氷原は、まもなく小山の頂上をすり砕いて塵《ちり》に変えながら大地の表面の至る所に押し進みました。また、それは傾斜地さえ押し進み、厚さ一マイル(約1.6km)から二マイル(約3.2km)にわたる氷原が、ヨーロッパ、アメリカ、北インドをおおいました。何千年となく続いた氷河期は、毛でおおわれていない人類にとっては、何と冷たい待遇だったことでしょう！　しかし、人類が生活できるいくつかの暖かい谷があり、氷自体が、人類が働けるようにある準備をしてくれました。というのは、それは岩を砕き、よく肥えた土を残してくれたのです。大地は、喜んでその息子を迎えましたが、彼をひ弱にするような安楽ではなくて労役を与えました！

子どもが、生物の進化の本質や速度について、ある実感をもてるように、図表が広く用意されてきましたが、名称や年代を覚えるように求めることは、モンテッソーリメソッドには含まれていません。つまり、子どもはただ、進化がその過程で、どのように絶えず速度を速めてきたのかを理解することに興味をもつことになっています。興味の種子は、まず教師の精神の中にまかれていれば、たやすく移植されますが、それらは子どもの精神の中にまかれなければなりません。その上、彼がそれ以上の知識を求める場合には、すべての者が彼の質問に完全に答える準備ができていなければなりません。子どもたちは、最初、時代だけを表わす空白の図表上に別々に用意された絵を並べることを好みます。それは、混乱を避けるために、一時に一事を彼の考察に対して示すという困難さを分けることによって実現しやすくされています。子どもは、順序正しく暗記、暗唱させられる混乱した事実には、何の興味もありません。ある新進の教育家は、近年の影響を受けて、子どもに好きなものだけを学習する自由を与えることを主張していますが、興味についていては何ひとつ準備していません。それは、基礎を抜きにした建築計画のようなもので、今日の教育をしないでおいて言論と投票の自由を与えている政策に似ています。つまり、何ら表現すべき思想がなく、しかも考える力もないところでの思想表現の権利なのです！　社会にとって同じように、子どもにとって必要なのは、まず何よりも自由の中で自然な成長を遂げる興味の協力の下に、精神能力を確立することへ向けての助けです。わたしの願いは、おそらくわたしが見える以上に彼らが自分自身で見えるように盲人に視力を回復させることです。これは、子どもは自分の力を母親から逃げ出すことに使うかもしれないにもかかわらず、自分の子どもが一人で歩けるよう助ける母親の愛情にあたるものです。

進化は、つかの間の達成から成っています。子どもたちは、その図表の後ろの空白に絵をぎっしり押し込めなければならないことから、そのことを正しく認識します。彼らは、人間の一生はその前に過ぎ去ったものに比べていかに短く、しかもそれでいて、その働きはいかに偉大であったかを理解します！　子どもは、その教材が同じ事実を示していても、異なった角度から別の興味の対象物として自由にこれを基礎とすることを許されています。エングラムは、作用し始めなければならず、意識が明瞭になるように時間を与えられなければなりません。ある者は、まったく興味を示さないかもしれないし、ある者は、自分が求めているものを理解するのに時間がかかったり、かからなかったりするでしょう。事実というものは、これらが発見されてきた道筋に比べて、子どもにあまり興味がないものであることが、わたしたちの経験によってはっきりと確認されてきました。そのため、子どもたちは、その中で自分の役割を果したいと願う人類のこれまでの偉業の歴史へと導かれます。

一〇、初期の人類

新たなるものが、人類と共にこの世に現われてきましたが、それは、これまでに言い表わされてきたどれとも違う生命の心的エネルギーです。人類は、その始まりから道具を使いましたが、このことは、それまで物を拾い上げることのできる手をもつ動物がいたとはいえ、どの動物にも人類が現われる以前には見られなかったことです。その痕跡が発見されている最初の人類は、石の道具をつくった人という意味から旧石器人と呼ばれています。その化石はごくわずかが発見されているだけですが、彼らの存在していたことは、削り磨かれた石といった石の道具の発見によって証明されてきました。人類が、小さい動物たちの化石の中に、身体の化石でなく創造的知性の痕跡である自らの製作品を残したということは意義深いことです。この新しい宇宙のエネルギーには驚くべき相違があります。最も粗雑な型のものから、やがて人類の武器や道具がもっとたくみに使えるようになり、装飾の試みを示し始めさえし、人類は岩に絵を描くことができました。

旧石器時代は、初期あるいは粗石器の時期と、人類の存在の痕跡がもっと多く広範囲に及び、より精巧な石器をもつ第二期とに分れます。下位の時代区分である初期は、科学者たちにシェレアン期〔前期旧石器時代を六期に分たうちの一時期〕としても知られており、民族集団を研究している人々は、その文明段階の二十ほどの集団が、もっと優れた集団の支配の下で生活しているとはいえ、地球上に今なお生き残っているという結論に達しています。それらは、地質学者や考古学者によって発見された痕跡と、過去五千年にわたって文学の中で引き継がれてきた伝統と共に、はるか遠い過去の遺物として残されており、それらは、人間の生命をひとつの映画を見るようにわたしたちに見せてくれます。

はじめからそれぞれに続く文明は、より多くの要求をもって、その速度を速めてきました。根本的な目的は、個人にとって生活をもっと楽で幸福にすることにあったのではなく、むしろ、環境がそれに続く各段階での個人の奉仕にますます多大な要求をしたということです。そして、人類は環境と共に、その環境に対する奉仕を通してのみ、自らを進化できたのです。進んだ文明をもってさえ、静止することは常に停滞と死を意味してきました。

人類は、むきだしの皮膚で、非武装で、他の多くの動物と比べて身体的に不利な立場にあり、相対的にほとんど強さは見られません。しかし、人類には知性が豊かに与えられています。なぜなら、人類は進化してきた他のどの生命の表現よりも、創造というきわめて欠くことのできない仕事を果たすように運命づけられているからです。人類の新しい武器は、知的なものでした。

引き裂く爪や歯をもつどう猛な獣たちの中を動きまわり、手柄や冒険を妨げる山々の障壁に対して無力で、空を切って飛ぶ翼をもつ鳥や、泳ぐ力をもつ魚をうらやんでいる人類を御覧なさい。人類は本来、空高く飛ぶことも、泳ぐこともできませんでした。あるいは、敵を粉々に引き裂くことも、敵から素早く逃げることもできませんでした。しかし、その新しい武器は、もっと強い腕や足に対してではなく、より偉大な頭脳、とりわけ、想像力に対する有効性という点ですべてのものにまさるものであり、あらゆる点で優れていることが証明されました！　人類は、創造のために地上に現われた神の重要な代理人であり、愚かな者のようにいばったり、自慢したりして、単にその支配者となって楽しむために現われてきたのではありません。自己の優越と、民族の優越の中で勝ち誇る者は、永く栄えることは決してありません。彼は自分のあとに殺人と破壊を残して滅んでいくのです。このことは、これまでの歴史が数多く示してくれています。真に偉大な者は謙虚なものです！　しかし、人類が長い年月をかけて、今や自分の世界を自然のもくろみを越えたものに変えてきたことを、わたしたちは誇り、喜ぶことができます。人類が現われてきたとき、ロビンソン＝クルーソーについて想像されるどんな条件よりも、もっと悪いことに気がつき、人類は文明を築いてきました。

その間、間隔をおいて三つの氷河期がありました。その第一と第二のものは、その期間が長く、はるか南極にまで達しました。人類が出現する少し前に、ヒマラヤ山脈やアルプス山脈が頭をもたげ、陸地の大きな部分が沈下したところに太平洋ができました。かつては、地つづきになっていた地域が分れたのです。イングランドやアイルランドは、長い間「冷蔵庫」の中にあり、サハラ砂漠は快適でよく肥えた土地でした。

第三氷河期には、地球は再び氷河でおおわれましたが、南極までには至りませんでした。アルプス山脈とコーカサス山脈（the Caucasus, ソ連南西部の黒海とカスピ海にまたがる山脈）の間には、人類が住める温和な気候の細長い地帯が広がりました。紀元前およそ一万八千年、氷河が姿を消し、滝がいまひとつの大洪水のような水かさで大洋に注ぎ込みました。おそらくそれが、聖書にある話の起源となっているのでしょう。

陸が隆起し、沈下や、その大変動によりイタリアは、スペインやギリシアと共に現在の形となり、大洋は内陸に押し込まれ、かつては川であった地中海ができました。いまひとつの川は紅海となり、はるか西の方には多くの変化がありました。地球はもう一度静寂になり、身ごしらえをし始めることができました！

このような騒然とした時代に、人類は氷原の合間、主に森の中や川のほとりで、小さな馬や一種の野牛や巨大ビーバーだけでなく巨大なマンモスやサーベルのような歯をしたトラやオオシカやシカと隣り合わせで暮していました。まだ、ライオンや普通のトラはいませんでしたが、小さな象はシェレアン期に続くアシュレアン期〔前期旧石器時代を六期に分けたうちの一時期〕には現われました。続いて、ジャコウウシやカモシカや羊も現われました。これらの初期の人類は、粗雑な道具を用いていたとはいえ、今のところはまだほとんど知性を示していない大男でした。紀元前五万年以降、石の切れ端をナイフとして使い、何らかの技術でそれらをつくる、もっと小さくて賢い種族が現われました。彼らの食物は、小さな果実、根、ヘビ、トカゲ、卵、カエルなど、まさに雑食でした。また、彼らには死者を崇拝するという奇妙な葬礼がありました。クロマニヨン人は、どちらかというとアメリカインディアンに似ていました。第三氷河期の間、動物も人類も同じように避難する場を求めてほら穴に住み、大きなホラアナグマが危険な隣人でした。氷河がひくにつれ、人類と動物は、森の中へと押し出され、人類は狩猟で生活しました。芸術が生まれ、彫像がつくられ、馬やその他の動物の頭が岩に刻まれました。ネックレスやその他の装飾品が、武器や家財道具と一緒に、顎《あご》に膝《ひざ》を引き寄せ座っている姿勢で、しばしば発見される死者と共に埋められ始めました。

移住民族がアフリカからライオンを連れて北部へ、アジアからは大きな馬を連れて西部へとやって来ました。そして、マグダレニアン期〔後期旧石器時代で今から約二万年から三万年前〕に至るまでには、人類はもはや原始的ではなく、石の代わりに骨や角を使い、縫うための骨の針や、漁獲のためのもりや投げ槍を用いました。これらのもりは、今でも幸運をもたらすという迷信によって受け継がれており、それらが使用されるようになったにちがいない時期に、水があったという証拠のないようなピレネー山脈近くのスペインで、発見されていることは好奇心をそそります。それらは運ばれてきたのであり、すでにそのようにぜいたくで芸術的に美しい物に関して、取引があったというのが結論です。というのは、それらのものは美しく装飾されており、特にエジプトでつくられていました。一般に、それは有用性というよりは、人間の精神的、美的要求を満たすものであって、役に立たないものでしたが、物々交換され、人々はそれらを運ぶのに自らの命を危険にさらしました。

人類が出現し、大洪水あるいは一度だけでなければその最後のものに伴って起きた混乱が終ったあと、彼らは動物たちを自分たちに役立つよう飼い馴らし、犬にその動物を守らせるようにして、よく肥えた土地を耕すことができました。彼は、ナイフだけでなく武器として弓や矢をもち、皮や羊の毛で織った布を身に着け、ヒスイや金や青銅の装飾品、そして家事の目的のための芸術的な陶器類を使い、あらゆるものの所有者でした。これがひとつの進んだ文明であり、人類はこれ以降、遊牧民族と農耕民族の二つに分けられ、長き時代にわたり相対することになります。

一一、遊牧民と開拓民

人類は、はじめから狩人で、自分より強くどう猛な動物から身を守る必要がありましたし、のちには、嗜好がより肉食性となり、自分の腕にもっと自信がもてるようになると、食物のために殺すようになりました。しばらくたって、人類は、いくつかの動物を利用したり、便益を得るために家畜化することを学びました。それは、一般に考えられているように、それらを飼い馴らすことによってではなく、捕らえて、そのままにしておくことによって成されました。人間の用意した環境に順応することができ、その中で子を産むことのできた、つながれた動物は、自然と飼い馴らされるようになりました。しかし、カモシカとかシマウマとかいった他の動物は、決して順応することはありませんでした。エジプトでは、ライオンやハイエナやヒョウが一般にとらわれの状態にありました。はじめ、飼育は、家庭的目的というよりは宗教的目的のためだったようで、牛は、その角のために生贄《いけにえ》として選ばれ、のちに他の人々にも飲まれるようになった乳は、最初、聖職者が飲んでいました。インドでは、牛が今なお神聖なものであり、あらゆる宗教は、聖なる動物のなごりをとどめています。十万種に及ぶ野生の動物の中から、全部でおよそ五十種が、人類によって飼い馴らされてきました。

人間には、二つの本能が認められます。その一つは放浪するという本能であり、もう一つはそれと対立するようなことで、場所に愛着をもつという本能です。前者は、より早く現われ、人々が、家畜である羊や牛を集めるにつれて、牧草が食べ尽くされると新鮮な牧草を見つけるため絶えず動く必要がありました。間もなくこれらの遊牧民と対照的に、開拓民の出現をみました。人々は、ひとつの場所にかなり長くとどまり、そこにある変化をもたらしたあと、愛着がわき、作物のために土地を耕し、生活共同体を形成し、そこにとどまりました。そのような開拓地は、通常、河口附近か、水が豊かで肥沃な地域にありました。

開拓民が生産し、遊牧民は、たいてい武力によって、彼らの労働の成果を奪い取りにやって来ます。そのようなことは、初期の時代からの歴史の成り行きだったらしく、明らかに理に合わないことであるとはいえ、それが生産と文化を結びつけることによって、文明を発展させるのを助けてきました。人々が集まり、組織されたのは、思いがけないことでした。なぜなら、それぞれの集団は、意識的な排他性と偏見の中で、常に大きくなってきたからです。共通の言語によって、文明の進歩と共にますます複雑になっていく集団が結びついたのでしょう。そして、ある特定の宗教制度が、伝統や慣習から形成されたでしょう。特に、死体の処置の仕方についてがそうでしょう。すべての開拓地が、衣食に関する他国の習慣を禁制としており、聖職者は、新しいものに反対し、排他性が少しでもゆるむことに対して抑えようとしました。肥沃な川の流域や三角州において、芸術や文学が発達し、あらゆる種類の産業や音楽や精神を満足させるためのいろいろな方法が発達しましたが、人間はむしろ怠情で利己的となり、彼の心理は、最小の努力から最大の結果を得ようとすることに向けられていました。遊牧民たちは、これらの開拓地を訪れ、ときには文明のひとつの中心と、もうひとつの中心を結ぶ商人として行動しました。そして、自分たちのために奪い取るだけ十分強いという、卑しいとも思ったが、境遇を羨みました。

文明というのは、その外観によってだけではなく、その道徳基準によっても判断されなければなりません。遊牧民は、表面上開拓民ほど進歩しておらず、普通、野蛮人として軽蔑されていました。しかし、彼らは自分たちを嘲笑する者たちに、はるかに先んじたある資質を発展させました。つまり、彼らの生活様式は、厳しい訓練と規律と勇敢さ、そして、寒さ、暑さ、食物や水の欠乏に耐えること、そして、ある特定の部族には、一人の指導者に対する忠誠と献身を要求しました。そのよう資質によって、彼らはより柔弱な生活共同体を負かし難なく勝利を握み、その計画は必然的に達成され、種族や部族の文化が混ざり合い、人類のあらゆる富がいつも循環状態にありました。文明の産物は、すぐに野蛮な征服者に重なり、彼らは交互に固定した習慣を採用し、そして、柔弱となっていきました。以前に通用していたものを改善するようなものごとは、決して失われることも、捨てられることもありませんでした。

原始的な部族間を除けば、村人たちはもはや侵略者や歓迎されないよそ者に備えて武装してはいません。しかし、依然として国家は国境を守るために武装しており、人類の調和を無視して、または、人類の調和をいやいや認め始めたばかりで、自国民に対しての義務だけを認めています。そのために、これまで混合を引き起こすには激しさが必要でした。つまりそれは、戦争や征服植民地化のための過剰人口の移動、貿易、鉱物資源の発掘、今なお、ある者たちを、絶えず危険を求め、障害に挑ませる単なる冒険と変化を愛する心です。停滞は、常に死を意味してきました。そのために人々は、決して長い間停滞したままでいることはなく、征服は最終的には被征服者と「征服者の両者に、つまり、人類の生活の総計に対して何らかの種類の富をもたらす結果となりました。

もし、人類の調和が、それは自然におけるひとつの事実であるが、最後には組織されるとすれば、それは人類の協力によって成し遂げられてきたことを正しく理解させ、神の意志とも呼ばれ、神の創造する全体の中で活発に表わされている宇宙の計画のために、共に働くことへの偏見を捨て去る用意をさせる教育によってのみ成し遂げられるでしょう。その大部分は効果的なものでありませんが、わたしたちは、世界組織についてよく語られているのを聞きます。用いられるべき言葉は、むしろ「有機体」です。世界はすでにひとつの生きた有機体であるということが認められるとき、その生き生きとした機能は、その働きを妨げられることが少なくなり、世界はこれまでの「あらゆる創造物が共にうめき、産みの苦しみをしてきた」時代の伝統へと意識的に入っていきます。

宗教と言葉は人々を離れればなれにしておきますが、芸術や科学や工業製品は、人々を結びつけます。ある観念に対して精神が固定している場合には、変化することは難しく、言葉は肉体化するために、それは容易に伝えられません。同じ集団の人々は、自分たちの言葉によって互いに同調するようになりますが、その他の人々は、彼らに合わせることができません。それは、わたしたちを困惑させ続けるにちがいない、ひとつの袋小路のように思われます。というのは、地域の言葉が至る所で凄まじい力で復活し、守られており、思慮深い人は、不信心な精神を悠長に啓発することは、より一層危険なことであると考えているのに、宗教が連邦制をしく傾向はほとんど見せていないからです。

すべての矛盾に対する答えは、正しい教育の中に存在しており、成果は、政治的、社会的といった、他の方法では達成されることはありません。それは、精神を動かす神聖で深遠な事物の影響を必要としており、文明化された人類の新しい子どもたちは、人類の神聖な目的に対して、深い感情と熱意を与えられなければなりません。そこで、宗教が教えられる必要はないでしょう。実際それは教えられないものです。しかし、内的あるいは外的真理に対する敬う心が、自然な自由の中で育ち、言葉の障壁は、人類のいろいろな目的についてのよりよい相互理解がまさっていれば、それらに対する経済の力の前に道を譲ることが許されるでしょう。

一二、創造者であり啓示者である人間

地球とその生きた住人たちの過ぎ去った歴史を、想像力を働かせて再構成することは、聡明な人々の発見によってはじめて、わたしたちに可能にされてきました。それらは、共通の知力の助けを受けなかったのではなく、体系的な科学の助力を得た結果でした。今日、文化人は、自然人に比べて優れています。それは、彼の視野を拡大してくれる望遠鏡や顕微鏡を通して、あるいは、人間の精神の魔術的な力により、自然の神秘を調べた数学者や化学者や物理学者たちの蓄積された研究を通して、自然によって与えられたものをはるかに越えた知覚力をもつということにおいてです。このようにして、動植物を越える創造的行為者として、変形者として、また全世界とそれを越えた宇宙の探究者として、時間をさかのぼり、永きにわたって消滅しているものを探究することさえできる、そうした人間の偉大さが現われるのです!

わたしたちの興味と研究のすべての主題は、その理解のためにいろいろな障害を克服し、そのような苦労なしに、わたしたちに知識を与えようと骨を折って働き、しばしば餓死してきた

人類に関係づけることができます。あらゆるものが人間精神の所産であり、わたしたちは教育において、この成果を具体化します。この貴重な宝は、人類によってわたしたちに引き継がれたものです。知られている、いないにかかわらず人類の道を明るく照らしてきた、炎をもった者であるすべての先駆者たちへの賞賛の念を、わたしたち自身感じなければならず、また、子どもたちの中に吹き込まなければなりません。

たいていの人々は、新しい事実に興味を感じるのが遅く、知的な人でさえ、相互の安全に挑むどんな新しい観念も敵意をもって傍観し、思考の世界の中でほとんど進歩を遂げることはありません。人々は精神的にも身体的にも怠惰で、生活を楽しむことだけを欲しています。そうであれば、それ以上に、自分自身の幸福と利益に反し、その生命を危険にさらしてまで何事かを成そうとする内的な力によってかりたてられた人々に賞賛の念が払われるべきです。

ギリシア人たちは、二千年以上も前に、芸術と文学において偉大な作品を成し遂げており、当時としては高度に教化されていました。詩人であったひとりのギリシア人は、北部地方の人々は一年のうち六ヵ月を眠って過ごすとか、最南端の人々は頭に髪がないといった、ギリシア以外の未開の民族についていて語られたすべてのことが、真実として受けとれるとは感じませんでした。彼は、これらの真相を確かめに自ら旅に出て見てこようと心に決めました。彼は、人食い巨人や魔法使い、加えて、未知の海洋や自然の力の危難など多くの危険を警告されました。

しかし、断固としてやり遂げました。つまり、彼は自分の生命を満たすために、旅に出なければならなかったのでした。櫂《かい》と帆でゆっくりと進む小さな船で出発しました。友人達は、再び彼に会うことはないと思いました。しかし十七年後、彼は戻ってきました。昔の友人達はしきりに彼のまわりに集まり、いろいろと質問をしました。額の中央に一つの目をもった巨人サイクロップスや一度に六ヶ月眠る人間を見たか？　ケンタウルスや人魚はどうだったか？　彼は次のように答えました。わたしは、そのようなものは見なかったが、もっと不思議なものを見ました。どの国でも自分に非常によく似た人々が、わたしがするのと同じように食べ、眠り、衣服を着ています。バビロンは不思議な都市で、三階建の家々と、香水をつけた貴婦人たちや賢明な哲学者たちを絞首刑にする広場があります。ペルシアでは、多くの神ではなくて一つの神を崇拝しており、通りで出会うと互いにキスを交し、子どもたちに読み方、弓を射ること、常に真実を話すことを教育しています。

その旅から戻ってきた者は、名前をヘロドトス（Herodotus,B.C.484-425）といい、これらすべてのことと、その他の多くのことを友達に読ませようと一冊の本に書き著しました。この本が、この種の最初のものであったので、現在では「歴史の父」と呼ばれています。

もうひとりのギリシア人、アレクサンダー大王（Alexander,B.C.356-323）も偉大な旅行家で、エジプトのアレクサンドリア（Alexandria，エジプト北部の地中海岸にある港湾都市）を発見し、その他の多くの街に彼の名がとってつけられました。アレクサンドリアは著名な大学の発祥の地となり、種類こそ違いますが、その指導者は発見者でもありました。彼は、数学と天文学に新たな光をあてるために、知的に探究しようとしました。月食のとき、月の上の地球の影を観察することから、彼は、地球は球体にちがいないことを発見しました。彼は、ひとつの円を三百六十の部分に分け、地球の大きさを測量しました。彼は、太陽がアレクサンドリアと同じ経線上にあるアスワン（Aswan, エジプト南東部のナイル川に臨む都市）のちょうど真上にあるとき、天頂と七度の角度を成すことを発見し、アレクサンドリアからアスワンまでの距離は、実際に測定してみると五千スタジア（925km）あることから、比率によって地球の周囲を計算することができました。このギリシア人はエラトステネス（Eratosthenes,B.C.276-195）と呼ばれ、紀元前二百年頃の人物でした。紀元前二百年には、またトレミー（Ptolemaios Klaudios,B.C.200頃）という名のエジプト人が、世界の知られているすべての国々の地図をつくりました。それには、ヨーロッパの地中海沿岸諸国、さらにはアジアとアフリカの大部分が示されていました。

今なお、わたしたちのまわりにはこの種の発見者たちがいます。わずか二十五年前、ニューヨーク博物館の館長は、最も初期の怪物の化石を調査するなら、中央アジアのゴビ砂漠が貴重な成果を生むにちがいないと確信していました。人々は彼を笑い、それはお金と労力の無駄だと考えました。しかし、彼は主張し探検隊を組織し、館長であるアンダーソン氏自身が指揮を執り、出発しました。というのは、彼は以前、北極海の鯨の生態を研究するために探検隊を指揮しており、そのような開拓者となることを楽しんだことがあったからです。彼と共に、彼とその計画を信頼する十名の者が出かけました。彼らは北京に到着し、自動車を三台購入しましたが、出くわしたのはただ落胆させられることばかりでした。誰もが彼らに、恐ろしい砂漠の嵐、日中の極端な暑さと夜の極端な寒さ、人の助けや慰めがまったくないことについて警告したのでした。さらにはどの海からも離れたそのような隆起した高原に、どうして両生爬虫類の化石が存在するのだろうか？　ということがありました。でも、彼らはライフルで武装し、はじめは他の隊商に加わりながら進んでいきましたが、やがてとても恐ろしい未知の奥地へと入り込むにつれて、すっかり彼らだけになってしまいました。これらの狂気じみた者たちが、再び生きて戻れるとは、誰一人として予期していませんでした。口では言い表わせないようないろいろな困難の中で屈せずに目的を貫こうと、見渡す限り果てしない広く単調な荒れ地の砂を掘り始めました。ついに彼らは、突然、実際の小さな骨のかけらを見つけ狂喜して、そのまわりで踊り始めました。その骨のかけらが自分たちの信念が正しかったことを証明してくれたからです。彼らは、証拠を十分発見してから帰ってきました！　ダイノソアが何百頭と生息していた場所だったのです！　彼らは、多くの卵を発見して、どのようにして、これらの爬虫類が子孫を繁殖させていたかを証明するというひとつの問題を解き明かしました。掘っているうちに、彼らは何か巨大な哺乳類動物の骨のように見える大きな柱状のものにいきあたりました。そして、明らかに同じ動物のその他の骨が見つかり、ついには、立った状態での足が見つかり、流砂に埋もれて死んだことを示していました。

彼らは、多くのものをニューヨークにもち帰り、何ひとつ報酬を受けませんでしたが、十分満足していました。彼らは、精神的勝利を得て、人類のもつ知識の数を増しました。しかし、多くの人々は依然として、砂漠を掘ったり、いくつかの古い骨を見つけて喜んだりする彼らを狂気じみていると考えていました！

わたしたちは、これら過去及び現在の冒険家や探検家たちに対して、感謝の念をもって報いるのに、彼らがわたしたちの手の届かない存在であるということで、賞賛の気持ちを啓発してはいけません。しかし、わたしたちは、人類が果たしてきた、そして今なお果たさなければならない役割を、子どもが自覚するよう助けたいと願っているのです。なぜなら、そのような自覚によって、魂や良心は高揚していくからです。歴史というのは、熱い思いを呼び起こし、知的エゴイズムと利己的な怠惰さを打ち破るように、生き生きとしダイナミックでなければなりません。二千年にわたって、わたしたちは「汝を愛するように汝の隣人を愛しなさい」と教えられてきました。単なる説教は何の役にも立たないために、それをほとんど実行するに至っていません。精神の高貴さは、普通、人間精神の表現である詩や文学を通して教えられ、子どもの精神にとっては、漠然としてほとんど意味のないものです。しかし、人類の偉業の歴史は現実であり、人間の偉大さの生き生きとした証拠です。子どもたちは、生活のいろいろな問題を解決しようと精神的にも、肉体的にも努力している無数の人々がいるという知識、そして、一人がそれを見つけ出したとしても、ひとつの解決に向けてすべてのものが貢献しているという知識に対して、わくわくするよう楽に導かれることができます。

地質学の時代におけるのと同じように、思想の領域においても、環境というものは、さし迫った変化に備えなければなりません。思想の正しい準備が完全であるとき、いろいろな発見がこの適した精神的雰囲気の中で、多くの精神が組織化されることによって起こってくるでしょう。多数の知性の結晶点がひとりの人間の人格の中にあり、人間は何かあるものをきわだって有効に表現したり、あるいは新しい知識を発見したりします。詩歌の場合は別として、新しい分野の開拓者たちは常に、その先駆者たちの助けに頼っており、それはちょうど土台の上に築かれる家屋のように、現在はその過去の上に築かれているのです。人間は創造の働きにおいて、自然よりもはるかに進んでいます。しかし、もし、手も足もなく、それでいて人類とその他の行為者を通し、神によって形づくられ、今なおつくり出されている宇宙をくまなく歩く神を認め、感じなかったならばそうはならなかったでしょう。

人間は自分自身、機械を所有しているために、自分の望みを成し遂げる際、自分の手の制限をもはや受けていないことに気づいています。超自然が今や彼の可能性の背景となっています。かつてなかったほど、人間の生活は幅広く高遠であり、子どもたちは、それに向けて準備されなければなりません。ですから、教育の基本原理は、あらゆる学科を相互に関連づけ、それらを宇宙の計画の中で集中化することにあるのです。

一三、初期の偉大な文明

歴史における研究が、科学の助けを受けるようになったのはつい最近のことで、そのひとつの結果として、社会的組織化の起源についての仮説的時代が、これまでよりさかのぼり、いまだに確定していません。これまで探究されている古代の時代のどれひとつも、その大部分がどんなに粗野なものであったとはいえ、人類が比較的進んだ型の文明の中心をもたなかったことはなかったらしいこと、また、現在では、これまで軽視されていた多くの伝統や神話には、ある真理の基礎を認めるべきだと学者たちが気づいたのは、驚くべきことです。特に東方の伝統に関しては、年表の修正が必要になってきています。文明は、東方における先祖的中心とごくわずかにつながっているだけで、ほとんど西方の産物として最近までみなされてきました。インドの賢人たちは、絶えず自分たちの記録と深い哲学の成果に関して、ひとつの古さを主張してきました。その古さは、西方の学者たちの軽信的な傾向を常に侮辱していましたが、まだ完全に受け入れているとはいえないまでも、今では尊敬を起こさせるに十分な確証を見出しています。明らかに確立しているひとつの事実とは、アジアの進んだ型の文明は、ヨーロッパ文明やエジプト文明よりさえ、はるかに早い時期のものであるということ、そして、その両文明は、失われた大陸である、さらにもっと初期の陸地に起源をもつていたということです。

これまで、地球がひとつの計画を遂行するにあたり、自然の行為者によって、いかに頻繁に変えられてきたかを明らかにしました。そのような変容のひとつが、紀元前約七万五千年に大西洋の海底に陸地全体を沈めるような恐ろしい洪水を引き起こしました。このアトランティス大陸のうちの唯一の残存物は、ポセイドニスと呼ばれる島でした。しかし、エジプトの神官からその知識を受けたギリシアの賢人ソロン〔Solon,B.C.638-558〕によって歴史上記録されているように、それもまた紀元前一万年に沈みました。西方の世界の様子を大きく変えたこれらの世界的変動は、インドの南部に至るかつてのランカの大部分を水没させ、ヒマラヤ山脈と中央アジア高地を隆起させ、アジアの各地をも変えました。しかし、アジアでは、アトランティス島〔ジブラルタル海峡の西方にあり、地震のために一夜で海中に没したとプラトンが述べた伝説の島〕のように生活が妨げられ、絶たれることはありませんでした。むしろ文明は生き残り、開花さえしました。それは、おそらく前兆または神官の警告によって運命の地を逃れるように導かれた、あるいは植民地開拓の普通の経路でやって来ていた、アトランティス島の移民たちの代々の後継者たちによって育てられたのでしょう。アトランティス島の人々は、皇帝の富や力と同じく、冒険的精神に富んだ移住民族として知られていたようです。そうして彼らの文化は、そのあとに続くアーリア族の文化とはっきりと区別されるようなエジプトやペルーやアジアの各地で生き残りました。

ヨーロッパの湿地が居住できるように十分に乾くと、すぐにそこを占めるように、中央アジアから、ある者はコーカサスや地中海沿岸を通って、またある者はもっと北のルートを通って、アーリア族の発祥の地を去って連綿としてやって来ました。なぜならば、それはおそらく紀元前二万年頃の中央アジアは、住み心地が悪いまでに乾き始めたためで、ゴビ砂漠が現在の地球の表面のその部分にあたると考えられています。ヨーロッパやアフリカに移住しなかった人々は、南から進みペルシアやインドに移住し、その地をまわって、そこで活力を失った文明や多少邪悪な慣習をもつ古いインドの物語のラクシャサスのように金持ちで、詭弁をはかろうとする人々で満ちているアトランティスのような国にだんだんと浸透したり、あるいはそれを克服していきながらアリャバルタに入りました。

このようにしてインドは、最古代の文明と最近の文明とのひとつの大きな鎖となり、いくつかの相容れない相違点によっていくぶん不自然な統一体となりました。しかし、その偉大な指導者や哲学者や聖人たちによって、素晴らしい寛大さと結合力のある社会構造を発達させました。クリシュナ神〔ヴィシュヌの化身である神〕がクルクシェトラの野でアルジュナ〔インド神話の大叙事詩の中に出てくる主人公〕の二輪戦車を駆った時代だとか、完全王ラーマ〔叙事詩『ラーマーヤナ』の主人公〕がシーターという美しい妻を取り戻すためにラーヴァナと戦った時代について、学者たちの考えは一致しませんが、今では歴史上のこれらの場所を否定する者はほとんどいません。

いくつかの教義のうちで信奉者が最も多い釈迦牟尼の記録とか、おそらく他の国はどれひとつ近づかなかったインド文明の精神的基調を打ち立てるために大きな働きのあった、サーンキャ派やラーマーヌジャ派といったヒンズー哲学者たちの記録などは、十分に存在が証明されています。他のアーリア人との健全な接触から長年にわたって孤立し、数世紀あとになって、征服者や貿易業者たちがインドの領土内に植民地をつくってきましたが、それは彼ら自身の利益となったのと同様にインドの決定的な最高の利益にもなりました。というのは、イスラム教徒たちは自分たちの文化を、国民の生活様式を豊かにするために加え、ムガル帝国〔十六世紀に創建されたインドのイスラム帝国〕皇帝アクバルという人物を最も賢明な統治者の一人として用意したからです。イギリスの支配は、現代の西方の思想の流れを汲んでおり、政治的活動をかぎたてています。

古代世界において、大学の役割は、ミステリーズと呼ばれる宗教団体にとって代わられました。それは最高の知性をもつ人々が入会を求め、実に国際的なつながりをもった団体でした。

これらのうちで最大のものは、インド、バビロン、エジプトにあり、のちのギリシアのエレウシス（Eleusis, 古代ギリシアのアティカの都市）のミステリーズで、至る所に派生しました。その最初の中心地は、その華麗さと知恵において黄金時代にあったアトランティスに伝統的にあり、英国やガリア（Gaul, ヨーロッパ西部の古代名）のドルイド〔ガリア、英国、アイルランドにいた古代ケルト族が信仰していたドルイド教の司祭〕たちも、その源から彼らの知識を引き出したのでした。偉大なギリシアの学者ピタゴラス（Pythagoras B.C.582-500）は、マギ〔古代ペルシアのゾロアスター教の司祭階級〕とバラモン〔インドの階級の中で最高位の僧職階級〕から知恵を学ぼうと、バビロンとインドを旅しました。

　最も初期の時代からのアジアのもうひとつの文明の中心は、中国つまりカセイ〔中国の旧称〕という大陸で、今や多年にわたる魂を求める戦いのあと再建されており、その永遠の若さと美しさの秘密によって、学者たちの注意をますます引きつけています。中国に関しては、考古学上の調査がまだほとんどされておらず、その始まりの年代を何ひとつ決めることができません。しかし、中国は進んだ文明の型をもっており、始まり以来ずっと、そのあるものは他の人々に知られてきました。その欠点は、中国人たちは自分たち自身の進化的発展の完成にあまりにも満足してしまい、外部との接触から危険なほど孤立していたということです。わたしたちはそれを、すでに動物の種に見てきたように、人類にとっても致命的な過程なのです。

中国人は、ウラル＝アルタイ語族と同じく、アトランティスの先祖からきていると考えられており、ある者は、彼らをメソポタミア地域からセム族によって追い出された西アジアのアッカド人と結びつけています。中国人が印刷技術を発達させ、例えば羅針儀など他にいくつかの発明をしたのは、どのくらい昔か誰ひとり知りませんが、ヨーロッパ人は数世紀遅れて、彼らからそれを学ばなければなりませんでした。偉大な賢人である老子は、道教の始祖で、中国にもその宗教が広がった釈迦牟尼と同時代の人物でしたが、仏教と調和させ混成しました。しかし、中国人の文化と風習は、紀元前六世紀に生まれ、主な中国の古典を書き残し、今なおすべての者の尊敬を集めている賢人孔子に負うところがさらに大きいのです。マルコ＝ポーロ（Marco Polo,1254-1324）というベニスの旅行家が、十三世紀に古代帝国の富と権力をヨーロッパに伝え、それ以来、印刷、絹製品の製法、茶の精選、火薬を含む多くの商品と発明が取り入れられました。その門戸は通商のために開かれることを余儀なくされ、多くの変動を経て、その精神的高潔さを保ってきました。

一四、数世代にわたるエジプト

エジプト文明は、旧石器時代から今日に至るまで一時的に機能を停止した時期もありましたが栄え続け、ギリシア人を介してヨーロッパのたいていの文化を生み出してきたようです。その中心的位置と、川の恩恵を得た豊富な自然資源から、エジプトは文明が広がっていく場所として適していました。しかも、エジプトは失われた大陸の初期の人々から科学や技術についての多くの知識を受け継いでいるという、それ以上の利点を備えていました。エジプト人は、また自分たちの環境を変えることができる植民の才能をもっており、他の人々がまねられるものを発明する創造的精神も備えていました。

人類にとって実に重要なあるひとつの発見が、エジプトでありました。それは例の通り、その糸口になる一連の部分的な発見の結果でした。ナイル川の定期的な氾濫は、いつもその跡に肥沃な土と芽を出した植物を残しました。そこで、その生命を与えてくれる流れをもっと運ぶために用水路を掘ろうと、ある農夫に考えが浮かんだようです。それで灌漑が実際に用いられ始め、同じような流域で暮している人々、特にメソポタミアで模倣されました。もうひとつのエジプト人の大変重要な発見は、銅でした。ナイル川の浅瀬には緑色の物質が沈殿していました。それは、洪水が治まって、藻類がたくさん浮いている淀んだ水溜で、水が渦巻いている至る所にありました。エジプト人たちは、緑の色をたいそう尊び、生命を与えてくれるものとみなして、さらに長生きするために自分たちの顔を緑色に塗りさえしました。それで、この緑色のくじゃく石を見つけると、彼らは皮膚に塗る油と混ぜるためにすり砕いて、もっとよく混ざるように火にかけて熱してみました。すると、脂肪は燃えてなくなり、固い沈殿物が残り、それが銅でした。その新しい物質は、壺、装飾品に使われ始め、非常に多量につくられました。彫刻の施された銅の器はとても贅沢なものでしたが、壊れることがないために需要が大きく、もっとくじゃく石を手に入れるために採掘が始められました。真鍮《しんちゅう》もまもなく使われ、楽器は真鍮と弦でつくられました。エジプト人たちは、その技術に卓越した名職人で、自分たちの仕事を愛しました。ベッドでさえ、今日のわたしたちのものに比べてはるかに美しく、動物のように見える彫刻を施してある脚と、ベッドに登って入るための装飾された踏み段がついていました。しかし、枕の代わりは、固い木製の頭ささえだけでした。これは、紀元前約四千年のことで、これに加えてテーブル、椅子、鏡も当時は信じられないほどの美しさでした。スプーンは、象牙に模様を刻み込んで金や銀などをはめ込んでおり、貴婦人たちは髪をとくのに飾りのついた櫛《くし》を使っていました。このように、エジプト人の精神は、美で自らを表現することでした。彼らには、装身具や楽器を亡骸《なきがら》と一緒に墓に埋葬する習慣があり、死者の国で魔法により生き返り、地上で行なってきたように主人の土地を耕すことを期待され、農具や奴隷の像をも埋葬しましたが、それらのものがそこから掘り出されています。死体は、三艘《そう》の船が列を成してナイル川を渡って運ばれました。最初の船は、神官や身内の者を石棺や木棺と一緒に運び、二艘目は、その儀式のために必要な専門の泣き屋を乗せて、三艘目は、死者が使うために埋葬するあらゆる貴重な品と食物を積みました。対岸に着くとすぐに棺は雄牛によって墓まで引かれ、その雄牛は儀式の際、生贄《いけにえ》として捧げられました。聖典の多くの碑文が、墓の壁面に見つかっており、のちには、パピルスの巻物に書かれ、これらのものは学者たちが解読できる死者の書の中に集められています。このような死者の崇拝は、歴史に大きな貢献をしてきましたが、それは植物が、わたしたちに石炭を提供するために地中に埋まろうとしたのでないのと同じように、その目的を目指したものではありませんでした。

死者をミイラにするために、エジプト人たちは、装飾細工をするための宝石や貴金属だけでなく、多くの珍しい薬草や香料を必要としました。そうして、彼らは、美しく刺繍《ししゅう》された帆を張った異なる二種類の船を用いました。一艘はナイル川用で、もう一艘は海用です。これらの船に乗って、彼らは地中海や紅海の海岸沿いに航行し、東アフリカ沿岸を下ってソマリランド

（Somariland, アフリカ大陸東部の海岸地域）まで航海しました。彼らは、ペルシア湾を突き抜けてシリアやそれ以上に進んで行き、エーゲ海の島や小アジアによく通じていました。

シュメール人〔紀元前三千年頃、メソポタミア南部に都市国家を建て、楔形文字・法典をつくった民族〕はペルシア湾の海岸一帯の移住民で、大きな魚が多くの不思議なことを教えてくれる神々を連れて、彼らのところにやって来て、再び魚の体の中に戻るという伝説をもっていました。これらのシュメール人たちもおそらくエジプト人たちに助けられて、素晴らしい文明を発達させました。数年前、考古学上の偉大な発見がインド北西にあるモヘンジョ＝ダロでありましたが、そこでシュメール人の遺跡が発見されました。

エジプト人たちは、自分たちに代わって戦ってくれる他の人々に報酬を払い、そして奴隷を自分たちのために働かせました。このように、文明における進歩は必ずしも道徳的善を内包しているとは限りません。ピラミッドや他の驚嘆すべき記念碑は、残酷な監督の下で、奴隷たちによって建造されました。宗教改革者であった偉大なるファラオは、最も大切な義務は真理に生き真理を求めることであると言いつつ礼拝式を浄化し、単純化しようと立ち上がりました。神官たちがあまりにも強すぎ、彼は成功を収めることはできず、王位を退けられました。しかし、エジプトはもはや結束してはおらず、衰退の道をたどり始めました。

歴史を研究する際、古代の宗教をもはや無視したり軽蔑したりすることはできません。なぜなら、それらは、人間心理の重要な部分だからです。最も原始的な人類でも宗教感覚を備えており、それによって彼らは、生きている者や死者やあるいは木や太陽や星に、霊魂を見ることができます。彼らは、想像力をもつ目でそれらを見、わたしたちはその想像力の目で、自然に内在する神秘を洞察できるのです。人間は、自らの各発達段階に合う宗教なしにやっていくことはできません。エジプトには、多くの神々が存在し、神々を取り巻いて大きな神秘がありました。あらゆるもののうち、主たるものは太陽で、それは世界と人間をつくり、それらを彼らの息子、ファラオに託しました。太陽は、アメン＝ラー〔アメンと太陽神ラーとが合一された最高神〕と呼ばれ、彼に匹敵するものは誰もいませんが、それよりも身分の低い神々は数多くいました。エジプトを治め人間の姿をした神々、イシス〔古代エジプトの豊饒の大母神〕とオシリス〔冥界の王で死者を裁く神〕について、素晴らしい物語が語られていました。オシリスは敵に裏切られ殺されました。そこで、イシスは彼のばらばらにされた身体を長らく探しまわり、ついに生き返らせました。それから、オシリスは死者の支配者となり、一方、イシスとその息子のホルス〔太陽神〕はこの世を治めました。ラーの監視の下で生活する人間は、そこでオシリスのところへ行き、その心臓が真理とのバランスで測られ、裁かれました。そして迷信を信じて、死体の心臓を鉛で満たし、裁きのとき、その重さによってオシリスを欺いたかもしれません。

ここでエジプトの歴史についての包括的な記述をするわけにはいきませんが、必要とする研究へのほんの案内だけをします。現代の歴史の哲学は、人々の出会いや融合、より大きな集団に加わろうとする集団、最後には人類の統一体を組織しようとし始める傾向をもっている国家について強調しています。融合は、これまでのゆっくりした過程であり、文明はその産物です。教師は、個人よりむしろ全体の人々の生活史を考慮に入れて、それぞれの集団の起源や地理的位置や成長、また、他の集団とのその活動や関係も研究すべきです。そして、そのような事実は、わかりやすい形で子どもたちに教えることができます。

一五、バビロンの生活とテュロスとの関係

ユーフラテス川とチグリス川の二つの川によって灌漑された土地は、現在メソポタミアと呼ばれ、エジプトとほぼ同じ古代文明の舞台でした。それらは、同時代に存在し、しかも競争相手でした。しかし、バビロン（Babylon, ユーフラテス川の東岸にあったバビロニア地方の古代都市）は、バビロンに近い首都ニネベ（Nineveh, 古代アッシリア帝国の首都）を含めて、たびたび征服者の手に落ち、考古学者たちが砂に埋もれた数多くの都市の遺跡を発見しているように、変化に富む経歴をもっていました。その境界線が生来十分に守られていなかったために、カルデア帝国（Chaldean Empire, チグリス・ユーフラテス川流域から起こり、バビロニアを支配した帝国）、アッシリア帝国（Assyrian Empire, アジア南西部の古代帝国）、バビロニア帝国（Babylonian Empire, アジア南西部のユーフラテス川下流の古代帝国）、ペルシア帝国（Persian Empire, アジア西部及び南西部を占めた古代帝国）は、紀元前千年の間、かわるがわる支配し合ってきました。

ローリンソン（Rowlinson George,1812-1902）は、著書『バビロンの歴史』の中で、キリスト教徒には旧約聖書の記録を通して親しまれているネブカドネザル王（Nebuchadnezzar,B.C.604-

561）の時代に存在したであろう大都市について叙述しています。その大都市は、世界の名の知られたあらゆる地域からやって来た人々であふれ、最も多かったのは、長い顎髭《あごひげ》をたくわえ、ゆったりとした長上着を着たセム人と、ひだのついた短いスカートをはき、きれいに髭を剃ったシュメール人でした。これらシュメール人たちは、すでに支配を受けてきたもっと前の文明の人々で、予言者や占星術師であった賢い人々は尊敬を集めていました。神殿は都市生活の中心であり、神官たちは裕福で権力を握っていました。

エジプトと比べると建造物の美しさははるかに見劣りがしました。道は狭く、建物は泥色をしたぶかっこうなレンガでできており、真鍮《しんちゅう》が使われ、陶器類はあまり芸術的ではありませんでした。婦人や貧しい者を、特別に保護する賢明な法律を人々に残した、伝説的創設者ハムラビのつくった多くの運河がありました。これらの法律とその他の著作は、本の代わりに使われたレンガに書かれたのが発見されています。レンガになる柔らかい粘土の上に、ひっかいて文字を書くために、先のとがった道具が使われ、そして、その書いたものは、固くして保存するために太陽の熱で焼かれました。これら数千の書物が発掘されたのは、ネブカドネザルが、宮殿にそれらでいっぱいの図書館をもっていたからです。

バビロニア人は、征服者の軍隊が来ると簡単に逃げ出してしまうが、すぐに家を建て直しに戻って来るような、平和を好む民族でした。この当時、そこには七百万人に及ぶ住人がおり、その都市は、三百フィート〔約91ｍ〕の高さで、厚さは、そのてっぺんを四頭だての馬が横に並んで走れるほどの城壁で囲まれていました。この城壁は、長さが五十マイル〔約80㎞〕あり、百にわたる門をもっていました。そのうちで最も美しかったのは、愛と戦いの女神イシュタルに捧げられたものでした。この門には、エナメルで象眼した青銅と金でできた六つの塔がついていました。

素晴らしい大通りが、王の宮殿からメロダークの神殿に敷かれていました。そこには、両側に沿って金属とエナメルでつくられた雄牛と獅子の巨大な像が並べられていました。これらの像は、現在大英博物館で見ることができます。獅子と雄牛は、獅子宮や金牛宮と今も呼ばれている星座を表わす黄道十二宮〔黄道帯を十二度分して配した星座で白羊宮、双子宮などがある〕のうちの二つを示しています。古代のすべての宗教は、これら十二宮をこの上なく貴びました。

バビロンは、エジプトとばかりでなく、テュロス（Tyre，古代フェニキアの港市）というヨーロッパやアフリカの沿岸全域、さらに、はるかブリテン諸島とまで交易した人々のいた臨海国フェニキアの都市とも交易していました。テュロスの華やかさについて、その華麗な叙述は、ユダヤ民族の預言者エゼキエル（Ezekiel,B.C.6c 頃）によって旧約聖書の中で伝えられています。それを読みますと、私たちはテュロスやその植民地と同様に、バビロンやエジプトで人々がどのように暮していたかを、かなり想像することができます。エゼキエルは、バビロンのネブカドネザルがテュロスを味方につけての大勝利を預言しています。

「人の子よ、ツロ（テュロス）のために悲しみの歌をのべ、海の入口に住んで、多くの海沿いの国々の民の商人であるツロに対して言え、主なる神はこう言われる、
ツロよ、あなたは言った、
『わたしの美は完全である』と。
あなたの境は海の中にあり、
あなたの建設者はあなたの美を完全にした。
人々はセニルのもみの木で
あなたのために船板を造り、
レバノンから香柏をとって、
あなたのために帆柱を造り、
バシャンの樫の木で、
あなたのためにかいを造り、
クプロの島から来る松の木に象牙をはめて、

あなたのために甲板を造った。
あなたの帆はエジプトから来るあや布であって、
あなたの旗に用いられ、
あなたのおおいはエリシャの海岸から来る
青と紫の布である。
あなたのこぎ手は、
シドンとアルワデの住民、
あなたのかじとりは、
あなたのうちにいる熟練なゼメルの人々である。

＊　＊　＊

あなたはそのすべての貨物に富むゆえに、タルシンはあなたと交易を成し、銀、鉄、すず、鉛をあなたの商品と交換した。ヤワン、トバル、およびメセクはあなたと取引し、彼らは人身と青銅の器を、あなたの商品と交換した。ベテ・トガルマは馬、軍馬、および騾馬をあなたの商品と交換した。ローヅ島の人々はあなたと取引し、多くの海沿いの国々は、あなたの市場となり、象牙と黒たんとを、貢《みつぎ》としてあなたに持ってきた。あなたの製品が多いので、エドムはあなたと商売し、彼らは赤玉、紫、縫い取りの布、細布、珊瑚、瑪瑙《めのう》をもって、あなたの商品と交換した。ユダとイスラエルの地は、あなたと取引し、麦、オリブ、無花果《いちじく》、蜜、油、および乳香をもって、あなたの商品と交換した。あなたの製品が多く、あなたの富が多いので、ダマスコはあなたと取引し、ヘルボンの酒と、さらした羊毛と、ウザルの酒をもって、あなたの商品と交換し、銑鉄、肉桂《にっけい》、菖蒲をもって、あなたの商品と交易した。デダンは乗物の鞍敷をもって、あなたと取引した。アラビアびと、およびケダルのすべての君たちは小羊、雄羊、山羊をもって、あなたと取引し、これらの物をあなたと交易した。シバとラアマの商人は、あなたと取引し、もろもろの尊い香料と、もろもろの宝石と金とをもって、あなたの商品と交換した。

＊　＊　＊

彼らは、はなやかな衣服と、青く縫い取りした布と、ひもで結んで、じょうぶにした敷物などをもって、あなたと取引した。タルシシの船はあなたの商品を運んでまわった。あなたは海の中にいて満ち足り、いたく栄えた。」

これらは、やがて世界帝国の達成を目指そうとしていたバビロンの強い力によって屈服する運命にあった富裕なテュロスに関する詩人の叙述です。しかし、エレミヤ（Jeremiah,B.C.6-7C）というもう一人のユダヤ人預言者は、ほとんど同じ頃に、バビロンの邪悪さを公然と非難し、破滅を予告していました。


「バビロンは主の手のうちにある金の杯であって、
すべての地を酔わせた。

国々はその酒を飲んだので、国々は狂った。

バビロンはたちまち倒れて破れた。

これがために嘆け。

その傷のために乳香を取れ。

あるいはいえるかもしれない。

矢をとぎ、盾を取れ。

主はメデアびとの王たちの心を引き立てられる。主のバビロンに思い図ることは、これを滅ぼすことであり。」


（日本聖書協会出版『旧約聖書』による）

旧約聖書の別の箇所には、ネブカドネザルの愚かな行為による破滅と、王国が今宵、彼から奪われると壁に書きながら片手の指が現れた、息子の運命的な宴についての話が見られます！そこで現実に思いがけない攻撃がバビロンに対して行われ、その帝国は、メディア人（現在のイラン北西部にあった古代王国の人々）のダリウスとペルシア人のキュロスの手に渡りました。

これらのメディア人やペルシア人は、文明があまり進んでおらず、遊牧民の民族性からはずっと現れてこなかったような実に厳格で高潔な民族でした。彼らは、結局ギリシア人たちに文明の燈を伝える運命にあったのでした。

一六、尊敬と無遠慮

宇宙の観点からすれば、文明の混合は料理法と同じように、望ましい結果を求めて成し遂げられます。付加的な風味を必要としている皿に盛られる前に、さまざまな料理の材料が別々に用意され、手際よく調理され、いい具合になるまでおそらく根気よく気長にとろ火で煮続けられます。このように、エジプト時代には重要な出来事はほとんどなく、ゆっくりと起こり、文明は穏やかに広まり、多くのことが次第に発達しました。そこで、バビロニア文明は、それに一種のソースとしてかけられました。そのソースは、ヒッタイト人〔小アジア及びシリアに強大な帝国を築いた古代民族〕やスキタイ人〔紀元前六世紀から三世紀にかけて黒海北岸に建国したイラン系の遊牧騎馬民族〕との接触に加えて、はじめのたくさんの材料で味つけされてきたソースです。そしてメディア人やさらにはペルシア人がやって来て、これらによって皿の中でひとつの変化が起こりました。化学変化が混合に代わって起こったらしく、以前にはそこに存在しなかった均質で新しいものがつくられました。

ダリウスの帝国は、まるでいくつもの首都があるかのように、スサ（Susa, イラン西部にある遺跡）やペルセポリス（Persepolis, 古代ペルシアの首都）やテーベ（Thebes, ナイル河畔の古代エジプト首都）と同じくらい華やかな宮殿をもっており、非常に豊かで壮大な国でした。メディア人は山岳民族で、しかもペルシア人と同じ血統で、スキタイ人やヒッタイト人と同じく遊牧民族でした。彼らは、偉大な指導者たちの下に、突然、圧倒的な強さを発揮し、戦利品を獲得しました。彼らは、真理をこよなく愛し、法に対しては格別に敬意を払っていました。そのためそのことが、メディア人とペルシア人の法は犯されることはないということわざになりました。キュロスは、バビロンだけでなくエジプトも征服し、あらゆる弱小国に対して支配権を確立しました。ダリウスは自らの名の下に統治し裁く、地方総督や地方長官を任命して、その帝国を強固なものにしました。彼は、インドとギリシアを結ぶ立派な道路をつくりました。ダリウスは実に寛大で、バビロンで見た囚われのユダヤ人たちをエルサレムへ戻れるように解放し、しかもネブカドネザルが破壊した彼らの神殿を再建させせました。

ペルセポリスにある王の寝床は驚くほど美しく、その寝床のある部屋は、金で彫刻された葉や実をつけたつたでおおわれていました。彼は、一万からなる護衛隊をもち、カスピ海と黒海の間の山中で暮し、伝説的な強さとどう猛さをもったスキタイト人に対する戦闘を指揮しました。ダリウスは、彼らは一つ目で、よじ登れるヤギの足をもっているといった、これらの巨人について話されていることを信じていませんでした。それで彼は、ヒッタイトの国を侵略し、スキタイ人を北や西の大草原に移住させ、四年で占拠しました。王の中の王であるダリウスの偉大な功績を記念して、多くの岩に刻まれた碑文が、いろいろな場所で発見されています。ローリンソンが一八二八年にインドへの旅の途中通った山国で、高さ三千フィート（約914m）の岩棚の上にその一つを発見しています。しかし、ダリウスのこのように強大な帝国でさえも、すぐに崩壊してしまいました。その理由は、ダリウスの下にいた勇敢なメディア人やペルシア人たちは、実に種々雑多な人々に守りを頼っているような、このように巨大な帝国をまとめあげる力量に欠けていたからです。

王の中の王ダリウス、その命令は、即座に従うことを求めて全世界に出されるというダリウスが、ある日ばかげた出来事を耳にしました。ギリシアのある島のある小さな村が、彼の権威に反抗し、エーゲ海の対岸に住む哀れな虫けらのような、アテネ人と呼ばれている人々によって救われたというのです！　彼らが、それほどまでに立ち向かうとはほとんど信じられなかった強大なトダリウスは、そのことを真剣には受け止めませんでした。王はもっと大事なことに目を向け、処罰を免れた生意気な都市アテネの名を時々思い出させるようにとだけ廷臣たちに頼みました。

その島々のギリシア人たちは何者で、自分たち自身のことでない争いで、その王の激怒に敢然と立ち向かったむこうみずなアテネ人とは何者だったのでしょうか？

ギリシア人またはヘレネ人〔ギリシア人のこと〕についての最も古い説明は、ホメロス（Homer,B.C.8C頃）という盲目の詩人の手による『イリアス』と『オデュッセイア』と呼ばれる二大長編叙事詩の中でされています。『イリアス』は、ギリシア王子の同盟国と、その息子がギリシアの指導者のレンという美しい妻を連れ去ったトロイの王との間で戦われた、長い戦争についての物語を述べています。ギリシア人とトロイ人は同族で、コーカサス（Caucasus，黒海とカスピ海との間にまたがるソ連の一地方）からやって来てヘレスポント（the Hellespont，ダーダネルス海峡の古代名）を挟んで対岸に定住しましたが、トロイ別名イリウムの方が古い国家です。トロイはついに占領され滅ぼされ、戦勝者であるギリシア人は船で故国に向かい、その途上、多くの思いがけない出来事や危険に遭遇しました。これらは『オデュッセイア』の中で、オデュッセウスのさすらいの物語として述べられています。このオデュッセウスは、狡猾で悪賢い人間で、仲間たちに勝利をもたらそうと力を尽くしてきましたが、その策略のために神々の怒りをかってしまいました。そのために彼は難破させられ、自分の妻の元にたどりつくまでに、多くの苦難を経験しなければなりませんでした。彼の味方となった人々の中には、クレタ島の王ミノスがおり、その文明の中心についても多くのことが述べられています。クレタ島は「海の星」と呼ばれており、そこからエジプトやアジアの文明とは異なる新しい文明が、まず西方へと広がっていきました。クレタ島の商人たちは、スペインと貿易しており、あるスペインの踊り子たちは、その迷宮のような宮殿が破壊された紀元前およそ千五百年のミノス王の時代に、クレタ島から伝わった衣装を今なお身に着けています。最近、アーサー＝エバンズ（Arthur John Evans,1851-1941）卿が、迷路のようにひとつの建物の中に店やすべてのものを備えた、素晴らしいクレタ宮殿を掘り出しており、それはまさに外敵がその都市を破壊したとき、突然そこを去っていった形跡を示しています。クレタ人は自分たちの技術をたずさえてトスカナ（Tuscany, イタレア中西部の州）に移住し、のちにそれはトスカナ様式として名声を得たと語られています。

トロイは、考古学者ハインリッヒ＝シュリーマン（Heinrich Schliemann,1822-1890）によって、発見されましたが、彼は『イリアス』の叙述と一致しない都市を発掘してまず驚きました。それから六つもの都市が次から次へと埋もれて発見され、それらのうちの一つは、まさにホメロスの叙述の通りでした。

紀元前五世紀にダリウス王の怒りを招いたのは、これらギリシア人の子孫であり、特にヘラス、（Hellas, ギリシアの古代名）の独立した都市国家のひとつのアテネの人々でした。そのうち王はアテネとその盟友を征服し、指導者たちを捕らえてペルセポリスに連れて来るよう、最も優れた将軍の一人に討伐軍を伴わせて派遣しました。しかし、それはペルシア人の誇りにさらに強烈な打撃を与える結果となりました。というのは、信じられないことが起こったのです。つまり、鼠《ねずみ》が象に打ち勝ったのです！　踏みにじられた独裁者は、その侮辱への復讐のために、今度は直接、自ら出かけようと準備しましたが、死んで出発できなくなってしまいました。その息子クセルクセス（Xerxes,B.C.465頃）は父親ほどの人物ではありませんでしたが、しかしながら父の計画を遂行するために、五千のアテネ人と戦うのに二十万から成る大軍を準備し、空想的な美しさと巨大な大きさの船からなる恐るべき艦隊を派遣しました。彼は、自分の軍隊が足を濡らさず横断できるように、ヘルスポントを横切って錨《いかり》を降ろさせ船の橋を用意し、自分のためには自軍の勝利を眺められるよう山腹に玉座を用意しました。

　今や大きな危険にあるアテネは自らを助け、自分たちの共通の母国と自由を守ろうと他のギリシア都市国家に伝えました。スパルタは、サーモピレーの狭路に配置するように三百人を送り、彼らはそこで三日間ペルシアの軍勢を防ぎ、スパルタに生還したのはたった一人でした。ペルシア人たちは、それからなだれを切って進みアテネを焼き払いましたが、それは戦果に乏しい勝利でした。というのは、アテネの指導者たちは、自分たちの船艦の優れた能力にすべてを賭けて、都市を捨てていたからです。狭いアテネ湾では、巨大なペルシア船艦は不利で、クセルクセスはマラトンの戦いで自軍の壮大な艦隊が総崩れし、混乱の中追い払われ完全に打ち負かされるのを目のあたりにするという屈辱を味わいました。

ギリシア人とペルシア人との間の戦いは、定めのない運命と共に長い年月続きました。というのは、ギリシア人はその高い英雄的資質を常に持ち続けることや、危機において結んだ団結の絆《きずな》を平和なときに強めることができなかったからです。にもかかわらず、生命のたいまつは今や彼らと共にあり、ギリシアの文明は、ペルシアの文明が衰退する一方で発展し、やがて二百年後には、ペルセポリスを侵略し焼き払うのはギリシア人の番になりました。文明は、アジアからヨーロッパへと移ったのでした。

ギリシア人は自由という新しい政治理念をもっていました。彼らは、一人の者が命令し、すべての者が従わなければならないということは、恐ろしいことだと考えていました。法律は総意の下につくられ、それゆえに尊重されなければなりません。ギリシア人は自尊心が強く、ひとたび団結すると無敵でした。一方、ペルシアの軍隊は専制君主にしいたげられた多くの被支配民族から徴集された人々で構成されていました。ギリシア人はまた、その知性や文学、演劇、芸術を愛する心においてもきわだっていました。彼らは、身体的な美しさと健康に対してきわめて関心が強く、そこで運動競技会を組織しました。

一七、古代ギリシア精神――ヨーロッパの創造者――

アテネ人たちは、自分たちのあらゆる富と芸術的技術を、荘厳な建造物や都市の威厳に惜しみなく使い、個人の栄誉というものをあまり気にせず、自分たちの都市とその神殿を再建しました。清らかな知恵の女神であり、都市の守護神であるパラス＝アテネは、彼らの完全なる人間の理想像であり、彫刻家フィディアス（Phidias,B.C.500-432）は、彼女の完全な美しさを表現する像を象牙と金でつくるように任されました。フィディアスとプラクシテレス（Praxiteles,B.C.350頃）とその弟子たちは、素晴らしい像でその都市を満たし、やがて人間の姿とその均整を計る際の完全さの基準と考えられるようになりました。ギリシア人たちは、肉体的美を道徳ととらえて、人間の肉体を健全に鍛錬することは、彼らにとって神々に対して負う義務でした。競技会は、宗教的祭典の一部として準備され、力と技の戦いにおいて授けられる月桂樹の冠は、まるで金でできているかのように非常に貴ばれました。

アテネは、思想の自由の先頭に立ちました。知的集団の指導者であるソクラテス

(Sourates,B.C.469-399)と呼ばれる賢人は、象牙や金でできた像がどのようにしてその都市を危険から救ってくれると期待できるのか、自分たちで考えないでどうして司祭たちが話すことをそんなにすぐに信じられるのか、といった挑発するような質問をしながら、もっぱら市民の間を歩きまわっていました。しばらくして、その都市の評議会は行動を起こし、ソクラテスは若者を堕落させる者として裁判にかけられました。長い審理のあと、彼の敵の票が勝り、毒薬を飲む死刑の宣告をされました。そんなにも賢明な者を、死刑にするという考えに非常に多くの者がぞっとしました。ソクラテスは、アテネから逃亡することを許されるであろうと密かに聞かされましたが、彼はアテネが自分の生命を要求する権利をもっており、その法の目をくぐることによって損いたくないと述べ、逃亡することを拒みました。そこで彼は最後の日を哲学的な問題を議論しながら友だちと共に過ごし、涙を流した番人によって運ばれてきた毒を静かに飲みました。彼はどこに埋めてほしいかという質問に対して、自分を埋める前にわたしをつかまえておかなければならないだろう、とユーモアある答えをしました。しかし、こうして彼らは、肉体を思い通りにすることができたのです。

このようにして批判的精神力が目覚め、偉大な哲学者のひとりプラトン(Plato,B.C.427-347)、世界は球体であることを公にしたエラトステネス、自然科学に関して思索し、実験したアリストテレス(Aristotle,B.C.384-322)によって、直接得た知識を求める渇望が続きました。彼らは、わたしたちが今日倣うべき方法をもつ偉大な教育者です。彼らは、多くのものへと広がってゆく小さなことに情熱を燃え立たせました。偉大な文学や演劇は、程度において劣るとはいえ、アテネやその他のギリシアの都市にも誕生しました。アイスキュロス（Aeschylus,B.C.525-456）とエウリピデス（Euripides,B.C.480-406）の脚本はシェイクスピア劇のモデルであり、ギリシアの詩や文学は一般にラテンの作家によって模倣され、全ヨーロッパに影響を与えました。偉大な発明者アルキメデス（Archimedes,B.C.287-212）は、自分が泳いでいるとき、どうして水によって支えられるのかをじっくり考え、想像の目を働かせて、水中における重力の法則を発見しました。彼はまた、はるかサイラキューズ（Syracuse, シシリー島南東部の港市）にいる敵対するローマ艦隊に太陽光線の焦点を合わせるため鏡を使って、敵船上に火災を起こさせたりもしました。彼は偉大な数学者で、ローマの兵士が部屋になだれこんできて彼を殺したとき、三角形についての研究をしていました。

ギリシア人たちには、半ギリシアとしかみなされていなかったマケドニア王国（Macedonia,古代ギリシアの北方にあったバルカン半島の古代王国）は、フィリップ（Philip,B.C.382-336）と呼ばれる一人の王の下で大きな力へとなってきました。彼は、古くからの敵ペルシアへの侵略を実行に移す計画で、ギリシアの人々をわくわくさせて、ギリシアの諸国家を自分の支配の下に連合させることに成功しました。ギリシア国境でのペルシアの勢力は、依然として脅威でした。

それは主に、ギリシア人たちはアテネとスパルタとの間の無意味な戦いによって疲弊し、そこにおいて他のギリシアの諸国家もすべてのものの破壊に同じように関わっていたからです。マケドニアの侵略はその結果であり、フィリップ王は自分自身のために純粋なギリシアの血統を要求し、若い息子アレキサンダーを哲学者アリストテレスの指導の下におくという知恵をもっていました。ギリシア人たちは今や、フィリップ王の指導の下、ペルシアと戦うことで一致しました。それは、都市内にそれぞれある自分たちの自由な市民性と独立を奪いとらないという条件をつけてでしたが、フィリップ王はこれに同意しました。

マケドニアのフィリップ王は偉大な指揮官で、無敵の方陣を用いた新たな戦術を開発しました。彼はまた、今日の騎兵隊にあたるものを新しい方法で訓練しました。訓練によって完全に一体になったとき、人間と馬は二倍の強さとなりました。アレキサンダー王子が、弱冠十二歳のとき、これらの馬が調教されているのを見ていて、一頭のどう猛な馬が誰もまたがらせないことで、調教師たちをあざけり笑いだしました。調教師たちは、その子どもの無礼に腹を立て、フィリップ王は、気の強い馬を調教するには長い時間がかかることを話して息子をしかりました。しかし、王子は、自分ならすぐできると答えました。彼の高慢さを取り除くために、王は王子にやらせてみるよう調教師に命じました。みんなは驚きましたが、「彼に調教を学ばせよ」と王は言いました。しかし、アレキサンダーは荒れている馬のところへ行き、そのたづなをとって馬の頭を別の方向へ素早くぐいと引きました。するとたちまち馬は静かになり、少年がまたがることを許しました。みんなは魔術的なことと思いましたが、その馬はただ単に自分自身の影に怯えていただけで、そのため乗り手が近づくと自分の頭がまわるまで後ろ足で立っていたのだと説明しました。アレキサンダーの母親は彼に、あなたはギリシアの神々の主であるゼウスあるいはジュピターの息子であると教え、これが彼に大きな精神の高揚をもたらしました。

フィリップ王は、ペルシアを侵略する計画を遂げる前に四十歳で殺され、アレキサンダーは王座と計画の準備を引き継ぎました。彼は、他の国々を征服し世界の知識を得たいという情熱で満ちていました。彼は、知的な活力源として、地図製作の技師を含めて、あらゆる分野の科学者や専門家そして詩、演劇、歴史に関する書物を自分のそばに置きました。彼はよく、その指揮者たちとたき火を囲んで植物学や動物学について議論し、絶えず目にした新しい事物について記した手紙やいろいろな標本をアリストテレスに送りました。アテネのテオフラストス（Theophrastus,B.C.372-287）は、このようにしてアレキサンダー大王から渡された資料を基に植物と動物の歴史を書きました。

アレキサンダー大王の兵士たちは、大王を超自然的存在とみなし、彼は至る所で勝利を収めました。テュロスを征服した後、ペルシア王はその帝国の半分を大王に差し出して免れようとしました。そこで、パーメニュウス将軍は大王に受け入れるよう進言しましたが、答えは、「わたしが、もしパーメニュウスなら受け入れるかもしれないが、わたしはアレキサンダーだ！」

でした。エジプトでは彼は、アメン＝ラーの息子として歓迎されました。大王は、自分に対して向けられたペルシアの軍隊を完全に敗走させ、ペルセポリスを焼きましたが、王家の血を引く捕虜たちには礼を尽くし、インドまで勝利の進軍を続けました。そして、そこから彼はギリシアに象やラクダについて書き送りました。

やがて兵士たちは遠征にうんざりし、家に帰してくれるように要求しました。はじめて兵士らは、もうこれ以上遠くに率いられていきたくないと思ったのです。アレキサンダーは彼らを叱りとばしましたが、しかし、折れてあきらめて帰らなければなりませんでした。それでも大王は、帰りに何かもっと探索したいと思いました。ペルシア湾は湖なのか大洋の一部なのかを明らかにするために、岸に沿って船を出す一方、自分は部下たちと陸を進みました。その途中、砂漠の旅は非常に困難で、部下たちの喉が乾ききっているときに部下以上に飲み食いをしようとしなかったために、熱病にかかり命を落としてしまいました。

それでアレキサンダー大王の帝国は解体し、遠隔の領土を治めるように派遣されていた、何人かの将軍はすぐに独立しました。アレキサンダー大王は、世界の外観を変えました。これは歴史上初の組織的な探検旅行でした。それは二百五十年後、ローマのユリアス＝シーザーの行った二番目のものに匹敵するものでした。

ローマ人たちはギリシア人と同じ血統であると主張し、ギリシア精神が生気を与え、つくりだした世界文明を強固にすることを自分たちの仕事にしました。

一八、人間——その目指すもの——

自然のすべての建造物における方法の重要な調和が、わたしたちに明らかとなりました。自然は、原子にとっても惑星にとっても同じものであり、ひとつの計画に従っていることは明らかです。発生学者チャイルド（Charles Manning Child,1869-1954）が、すべてのものが同時に、あるいは同じ強さで始まるのではなく、それぞれが独自のテンポで独立した方向に進む、という生理勾配と呼ばれるこれらの発熱的活動期を明らかにしたのは一九二四年のことでした。はじめ、単一細胞は他のすべてのものとまったく同じでしたが、ある器官の形成のために、その活動を通してそれらは異なったものとなり分化しました。最後には、その器官を、独立して同じようにつくられていながらも機能的に別の目的をもつ他の器官と結びつける循環組織や神経組織が現われました。

これらは、自然の計画の基本的原則として発見されています。

一、各発達における器官の自由と独立

二、細胞の分化による発達
三、血液の循環組織による諸器官の統一化
四、神経組織により確立した直接的伝達

血液もまた細胞から成っていますが、その内容は外界から取り入れられた主な物質と同じく、有機体の細胞によって血液に押し出された廃物です。ホルモンは、内分泌線によってつくられ、血流に注ぎ込みます。ホルモンは、いろいろな器官の形成や成長を刺激するのに必要で、それが不足すると、器官の成長が遅れます。ある種のホルモンは甲状腺でつくられ、別のホルモンは肝臓でつくられます。赤血球と呼ばれる血球は、ちょうど牛や馬といった荷物運搬用動物のようなもので、それを必要としているあらゆる身体の部分へ、空気から取り入れた酸素や食物から取り入れた養分を運びます。これらは、低次の身体的要求に応じるための仕組みですが、今度は生命における行動を準備する、より高次の要求が問題となってきます。これらの要求のために、細胞は自らを役に立つ機能をもつ性質へと変容する、という完全な自己変革を果たします。もっと高次の段階では、作用への順応が存在するばかりではなく、他の何ものも問題とならないような強い力が存在します。このようにしてようやく分化が遂げられます。最後に神経組織の統制が、感受性を与え生命を吹き込みます。脳から出ている無数の微細繊維がすべてのものと精神を結びます。ひとつの有機体は器官の単なる集合ではありません。神経細胞は精巧に分化しており、それらのひとつがデンプンを糖に変えたり、病原菌と戦ったりするのを引き受けているとは誰も想像つきません。それらは、頭蓋骨と呼ばれる閉ざされた箱の中にこもっており、身体を統治するにあたって、その位置を得ているのは何らかの総選挙によるものではありません。発生学はわたしたちに、ある集団が同意なしに単に権威だけで、他の集団を支配することを主張するといった、社会構造の不合理を教えてくれます。自然は、生命の教師です。わたしたちはその道に従おうではありませんか！

わたしたちが人類の文明の歴史について行ってきた簡単な概観は、働いている同じ基本的計画を示すことを意味しています。というのは、人類もまた今なお生まれ続けているひとつの有機的統一体だからです。いろいろな器官のように、文明の様々な中心地は孤立した状態で力を蓄え、それから接触を図るようになったのです。その接触によって、それらが生き延びるためにあまりにも順応性がない場合には、滅ぼされる前にもっと大きな組織体に合流したり、あるいは略奪者を豊かにさせる価値のあるものを放棄したりしました。残虐な行為や搾取そして戦争とあらゆる形の暴力が、それぞれの役割を演じてきたにちがいありません。なぜなら、人類はまだ自らの普遍的人間性や、宇宙の運命を実現する際のその働きに気づいてはいないからです。

世界を揺るがす力は、今や人間的なまとまりの実現を緊急の必要事としています。自分以外を奴隷状態や野蛮状態にしたままで、ある民族集団や国家が文明化できる時代は過ぎ去っています。このような時代遅れの考えに固執することは、なお一層戦争と自己崩壊に向かうばかりです。考え方の全般的な変化は、専制君主や宣教師としてではなく、次世代の真の指導者としての教師によることなくしてどのように影響されるというのでしょうか？　現代の教師は、成長しつつある子ども、つまり人間についての生物学及び心理学の熱心な学習者でなければなりません。「学校」というものは、両者が骨折って、つまり、それがほとんど成功をもたらさない努力をし、一人が多数を教えるそんな教授の場以上に、何か他のものを意味しなければなりません。

就学は至る所で強制的にされています。それは、教育の戦線における徴兵にあたり、さし迫った危険時に国家によって成される招集にあたるひとつの動員です。しかし、これは国家的動員ではなく、はるかにもっと大きな世界的なものであり、死よりむしろ、生きるためのものです！

巨大な力が教師たちに委ねられており、教師たちはそれらを免れることはできません。もし仮に、教師たちが自らの神聖な責任を果さなければならないとすれば、まず身体の健康を考慮すべきであり、この点でどのような改革が必要かを概観してみましょう。

学校では、正常からのいくらかの逸脱を伴った、すべての子どもの成長についての観察を記録することが必要です。成長とは、単に大きさにおいて調和的に増大することではなく、ひとつの変容なのです。人間は、理想的に決められた姿への到達に向けて神秘的で内的な力によって促されている自分自身の彫刻家です。成長とは、生命の衝動によって与えられた、完成を求めるひとつの探究と定義できるかもしれません。

文明は美しい子どもたちを生み出すべきであるということはきわめて重要なことです。昔の格言に「美貌は皮一重」というのがあり、罪深い虚栄を鼻にかけるものとして、子どもたちが鏡を見るのを思いとどまらせてきました。しかし、わたしたちは、学校は美を促進する機関であるべきだと主張します。なぜなら、美しさは生命の健康状態のひとつの表われだからです。健康な状態は美しい姿を生み出し、そのような調和を達成することがモンテッソーリメソッドの一部なのです。わたしたちは、美しさを二つの観点から考えています。第一は遺伝的なものであり、第二は環境によって引き起こされるものです。

子どもの最初の一年での死亡率は非常に高く、まったく異常ですが、それは神の意志によるのではなく、無知で不完全な社会的状況によるものです！　その率は、六歳になるまでに徐々に減少し、やがて六歳から十二歳まで正常となり続きます。そのような異常な、幼くしての死は、殺人であり変死であります。わたしたちみんなは、自分自身が罪人であることを認めて、その責任を共にもたなければなりません。十二歳を過ぎると、死亡率は再び十八歳まで上昇します。つまりそれは、大きな変容を伴うもうひとつの危険な時期であり、生命は十八歳を過ぎてようやく安全なものになります。

死の犠牲を払うためでなく、生命の再生産のために適した二十四歳から三十六歳までの勝利を手にした大人を御覧なさい！　その再生産の時期は、実際は十八歳から四十二歳までですが、しかし、両親の年齢のより狭い制限が、長生きして名声を得るような最も強い人間をもたらすのです。若過ぎたり、年をとり過ぎたりした両親から生まれた子どもたちは、健康で幸福な子どもたちと異なり、弱かったり、意地悪だったりして、いくつかの点で異常なことがしばしばあります。

これらの統計は死亡率に関わっていますが、学校は死者とは無関係であると言われるかもしれません。しかし、すべての死は、もっとささいな出来事の中の、まさにひとつの悲劇的な結末なのです。病気が必ずしもすぐに死をもたらすわけではなく、六歳以下の子どもたちの高い死亡率は、非常にたくさんの病気の子どもたちがいることのひとつの表われなのです。死亡児一人に対して、部分的に病気にかかっている子どもたちが、少なくとも百人はいるにちがいありません。わたしたちが病気にかかるのは、いろいろな器官の抵抗力が打ち負かされるときであり、ひとつが打ち負かされると、すべてが打ち負かされる状態になっています。このように、わたしたちの学校では六歳以下と、さらに十二歳から十八歳までの非常にたくさんの子どもたちが弱く、病気にかかりやすい状態になっており、これは、教育者たちに十分認識されなければならないひとつの事実となっています。

思春期には、激しい作業や申し分のない成長を期待することは誤りです。この時期には、動作の遅い者に対して寛大さが示されるべきです。人間の生命は、一本の糸のように、その長さ全体にわたるものです。一方に触れると、その全体が揺れるように、子どもも時代に取るに足りないと思われた何らかの出来事に対して、大人の生活の中では広範囲に及ぶ結果になるかもしれません。そして、好ましくない出来事がこれらの弱まっている発達段階にあると思われるので、人類に対する教師たちの責任は大きいのです。

教育学的人間学は、近年、ヨーロッパやアメリカで長足の進歩を遂げています。イタリアでは囚人たちが研究され、一般に身体上の外観に奇形があることが見出されています。醜い人間が罪を犯しているのでしょうか？　殺人者や泥棒は、生まれたときは他の子どもとたいして違っていません。しかし、境遇が、彼らを自分たちの国の法律に順応できないようにしたのです。社会的状況が、身体と精神に作用を及ぼし、個人が異常となります。犯罪者は、普通、社会の誤解を反映しています。生まれつきの犯罪者はごくまれです。ですから、わたしたちが理解し努力しさえすれば、世界から犯罪を消し去ることは易しいことです。身体上の外観は、犯罪を生み出す全環境の表われなのです。

奇形の最大数が精神異常者の中にいますが、彼らが精神の異常を受け継いでいることはめったにないことも見出されています。今日、多くの精神異常者が存在しており、その数は増加していますが、それは遺伝性のものでないことが証明されてきています。ですから、子どもが科学的に研究され、適切な配慮が成されるならば、それは減少するでしょう。

結核は、くる病や心臓病やその他多くの身体障害と同じように、ひとつの恐ろしい苦しみで、かつては間違って遺伝すると考えられていました。結核にかかった患者の胸部は異常に狭く、その欠陥は子ども時代の正しい体操によって矯正されえたはずのものです。細菌学の研究が伝染病を減少させており、子どもの科学的保護がひとつの社会的観点とみなされるべきときがやってきています。ある身体的障害は、富む者も貧しい者も同じように、生活のあらゆる階級に共通であることが証明されており、とてもおもしろいことに、学校自体がそれらのあるものに対する責任があると指摘されています！　しかし、採用された治療法はときどき病気よりも悪いものでした。彼らは、子どもたちのほとんどの時間を、背中を曲げて机に着かせておきながら、休憩時間には、自分の足で立たせ、重りで彼らをぶらさげることによって、彼らの背中をまっすぐにすることを始めているようなものでした！　同じように、前世紀の終わりに、近視をつくりだすような、光のあまり射さない締め切った部屋に座っていることは、子どもにとってよくないことであることがわかり、その治療法は、八歳の子どもにめがねを与えることでした！

子どもの歴史は、何と恐ろしい歴史だったことでしょう！　わたしたちは、今日これらの治療法を笑うことができます。しかし、少なくとも彼らは窓を開けてもっと空気を入れようとし始めたのであり、背骨の異常湾曲に対する万能薬は、一時間の休憩後、背骨をまっすぐにする間隔であると考えられたため、作業からの頻繁な休憩の原則が確立しました。そのような可能性がまだ子どもの適切な教育とは考えられていなかったために、多くの子どもたちが依然として文明に対して犠牲とならなければなりませんでした。そうして、せいぜい彼らができることは、カリキュラムから文法、幾何、代数を省いて、教授の時間を最少にまで減らし、戸外の遊びを義務づけ、就学年齢の延長という妥協をすることでした。しかし、どんなに多くの自由時間が増え、子どもたちが勉強するより遊びたがっても、不思議なことに子どもたちは、これらのすべての改革にもかかわらず精神的に疲れたままでした。子どもは、それに対して自分が精神的に準備ができているような仕事の反復を要求するものであることをモンテッソーリスクールは証明しています。つまり、そのような興味を伴った知的仕事は、疲れるものではなく、子どもは遊びの誘いによって、それから気ままに離れさせられるべきではではありません。興味はすぐに生まれるものではなく、もしそれが引き起こされたときには、その仕事は取り上げられます。それは、そそられた食欲からそれを満足させる食物を奪うようなものです。

長い実験を経て、わたしたちは今や多くの誤りを取り除くに至っており、子どもたちのために健康で適切な教育の門の錠をあけることのできる鍵をもっています。人類の未来は、その鍵の使用における勇気と忍耐にかかっています。

一九、むすび

人間は、至る所で危険に取り囲まれた人生の道を歩いていきます！　人生はまさに戦線です。人は成し遂げるかもしれませんが、人生の平穏な段階に入り勝利を得る大人になるまでには、被害を受けて駄目にされたり、傷跡を残したりするかもしれません。そこで彼らは、これまでの保護者に代わり、生活の手段と配偶者を用意してくれる社会の保護の下に入ります。今度は一緒になって、自分たちの未知の運命をよじ登りながら人生の道を歩み、下る前に、自分たちの愛の結晶をそのあとに残すでしょう。そして晩年、彼らは別れ離れになります。その下りの行進は孤独で、彼らは忘れ去られてしまいます。

社会は、彼らが自らの活動の記念碑を建てつつあり、すべての報いが勝利と成功に結びつく上り坂の時期を大切であると考えています。フランス革命やその他の出来事にもかかわらず、特権階級が社会の配慮と関心となっています。貧しい者たちはこれまで適切な配慮を受けたことがありませんでした。そして、金持ちの中にあっても、よりもっと完全に無視されているひとつの階級が常に残っています。それは児童期です！　すべての社会問題は、大人と大人の必要性の観点から考えられています。つまり、住宅、失業、賃金、参政権などです。はるかにもっと大切なのは子どもの必要性であり、子どもの中には、曲げられたままであったり、以前にはとても不可能であったような発達が今では成されているといった、いろいろな力が存在しています。子どもが食物、衣服、避難場所を確保するだけでは十分ではありません。人類の進歩は、子どものもっと精神的な要求を満足させることにかかっているのです。つまり、それこそがまさに、もっと強く、もっと良い人類をつくりだすことになるのです。

その結果、子どもと大人の社会問題が統合されますが、分けて考えられるものであって、学校は子どもに対して特別な責任を負っています。年少者は、生命の大軍隊のために世界的に学校に徴集されています。啓発された人類の潜在的能力は、あらゆる社会問題の根本であるべきです。しかし、大人は改革ができないし、大人が行なう実験は繰り返し失敗しています！　彼は強情で、新しい人間の可能性についての意外な新事実に対して、自分の鋳型にはめようとします。わたしたちは、わずかな取るに足りない社会的慈善事業において、非常に高い人類愛に到達しているものだと思い違いをしていますが、そのようなものでさえも大人に対してだけ施されているのです。ある者には食物を、ある者には失業手当を、他の者には自由に話す特権をなど、これらどれひとつも社会的病理を改善するのによく効く万能薬ではありません。

わたしたちが成し遂げていることを非常に自慢にしているのと同じ社会的改善を、学校で始めると仮定してみて下さい！　子どもたちに食物を与え、運動場と衣服と言論の自由つまり教師に自由に質問する権利を彼らに与えましょう。これらのささいなことは、ひとつの始まりですが、十分なものではありません。そうして、どのように大きな助けが必要とされているかを学ぶために、わたしたちは生命の最初の数年で明らかにされるような人間の本性を研究しなければなりません。そうして、わたしたちは何が必要とされているかをはっきりと知り、救済は大人に対してより子どもに対して、もっとはるかに効果的に適用されることをも知るでしょう。

飢えて何も身にまとれず沈黙させられている者と、繁栄し、楽しみ、無遠慮にずけずけ言っている者との間には、明らかにひとつの相違があります。しかし、この相違は十分なものではありません。世界の救済が起こるのは、少しばかりの食物や一片の衣服、また選挙権を与えることによってでもなく、科学と啓発された人格によってはじめて起こるものです。

人類に基本的に欠けているものがあり、それは生命の起源の中で探さなければなりません。そこでのみ、その鍵が発見できるのです。

進んだ型のモンテッソーリクラスを受けもっている教師たちは、すべての方法を用意するに際して、心理学が必然的にもっと大きな役割を果たしている初歩コースに、前もってよく通じているということが、この本を通して仮定されてきました。ですから男女の子どもを世話するにあたって、子どもたちに向かう教師に期待する態度については、ここではほとんど強調してきませんでしたので、いくらかの結論的な注意をすることは、ここではふさわしくなくはないでしょう。

初歩の段階におけるのと同じように進んだ段階においても、モンテッソーリの教師になるためにとるべき第一歩は、全能ということを脱ぎ捨て、喜んで観察者になることです。もしも、その教師が、自分自身の目の前で生まれ成長する物事を見ることを本当に楽しめるようになり、謙虚の衣服を身につけることができれば、学級を前にして誤りのないことと権威を装っている教師たちには拒まれている多くの喜びが、彼のために用意されています。そのような教師たちは、真理とはかけ離れた幻想に苦しむことになります。彼らは、子どもの中に自発的興味を求める意志を培う必要があることに同意はしますが、それは厳格に統制され制限されなければならないと強く主張します。それは用語上のひとつの矛盾した事実であり、つまりあなたがたは抑えつけられることによって発達することはできないということです。不幸にも論理というのは、幻想に苦しんでいる人においては働きません。そのためにこのような教師たちは学校に入って自分たちの矛盾を実行し始めます。彼らは、最も易しいこと、つまり抑えつけ、命令し、破壊します！　その構造が単純であれ複雑であれ、破壊はやすやすとしかも速やかに成されます。誰にでもそれはやれることです！　しかし、構築することは何と難しいことでしょう！

古くからの教師は、自分自身の長所を意識下において大変得意がりました。彼はすべきことをしないで残しておくべきことを知っているという意味では完全でした。彼は、眼前に、いろいろな事実で満たされ、道徳的に彼自身と酷似した人物につくられた中身のない存在をもっていました。神よ彼らを救い給え！　精神の中に、絶えず他なるはるかに偉大な創造者をもっていた子どもたちは、むりやり教師に似せられました。その教師は、彼らを自分の「善」の型に合わせて鋳型に入れるか、従わなければ罰すると決めていました。そのような教師は、専制君主でさえありません。なぜなら、歴史上の先例によれば、専制君主になるには知性が必要だからです。

従順とは決して機能的なことではなく、社会的結束におけるひとつの自然な力であり、意志または意志の昇華とさえ密接な関係があります。一見してこのような意見は、驚きを与えるかもしれませんが、それは本当のことです。正しい種類の従順は、その人間の意志のひとつの昇華であり、それなくしては社会が成立しえない人間の精神におけるひとつの特性なのです。しかし、真の自己統制をもちあわせない従順というのは、つまり意志が目覚めて働いた結果ではない従順は、国民全体に思いがけない不幸をもたらします。

教師はやがて、子どもたちの破滅による獲得者ということに強く気づき、権力と権威の大いなる放棄をします。彼は、科学者の忍耐、つまり観察することの強い興味からなる忍耐を成し遂げます。科学者もまた、人類が一般に興味を引くような物事を放棄します。しかし、彼らは、それらへの後悔でやつれることはありません！　わたしたちは、キューリー夫人（Marie Curie,1867-1934）を思い出します。ある大学が彼女に名誉学位を授与するためにラジウムの研究を中断させようとしたとき、彼女はそのことがただ迷惑に感じただけだったのです！　モンテッソーリメソッドの最初の理解者の一人であるエジソン（Thomas Edison,1847-1931）も、その心が実験室にあるのに、社交的な妻によって社交的な行事に引っ張り出されることに、すぐにうんざりしました。ある日、帰ってくると彼は、ネクタイと夜会服をむしり取り、結んで包みにして窓の外にほうり投げ「君の社交的夫が出かけるよ！」と叫び、古ぼけたガウンを着て、スリッパをはいて仕事に取りかかりました。このような人々は、より大きな喜びのために、小さな楽しみを捨てることを犠牲だとは考えませんでした。彼らは、自分を変え、気高くした強い興味を身につけていて、自分が最もしたいことをしました。興味においてこの段階に達している教師は、同じように変わります。彼または彼女は、人生の街道を歩んできた幸福な人々の集団に仲間入りします。科学者と同じくらい確実に、彼らは生命の秘密を洞察し、自分たちのためばかりでなく、すべての者のためにその報いを手に入れます。

訳者あとがき

本書は、マリア・モンテッソーリ（Maria Montessori, 1870-1952）著"TO EDUCATE THE HUMAN POTENTIAL"（1948）を翻訳したものであり、既に刊行されている関　聡訳『新しい世界のための教育　自分をつくる　0歳〜6歳』（青土社）に続くものである。従って、姉妹書となる両書はあわせて読んで頂くことが、モンテッソーリ女史の教育観及び教育論への理解をより鮮明にしてくれるのではないかと思われる。

本書は、教師が六歳以上の子どもからの内的欲求を正しく理解するための手引書であるが、親や大人が子どもからの内的欲求を正しく理解する書としても差しさわりはないであろう。むしろ、そのようにとらえて、手に取ってほしいとも願う次第である。本書の具体的な内容については、実際にページをひらいてもらいたいと思うので、ここでは、翻訳を終えての感想を少し述べておきたい。私は訳出し終えてみて、自分なりにモンテッソーリ女史の教育観・教育論に近づき、触れることができたと感じた。自分なりというのは、ほかからの雑音に惑わされることなく、直に触れることができたということである。私は、かねてから原典に触れることの大切さを感じてきた。その人の思想を理解しようとするには、少なくとも、本人自身の言い表わしたこと、書き表したことに触れなければ、それは不可能ではないかと考えるからである。モンテッソーリ教育において、ときに感覚教育やその教具の取扱いのみが注目され、本質部分が理解されていないという場面に遭遇した時、私は、直に女史の原典に触れ、理解しようということから遠ざかっていることに一因があるように感じてきた。もちろんモンテッソーリ教育について、いろいろと見聞きしたり、解説書を通して理解を深めるのもひとつの方法であることは言うまでもない。しかし、女史の教育観・教育論を理解しようとするならば、女史の科学的教育学がまさに偏見や先入観にとらわれることなく、子どもをひとつの生命の事実としてとらえ、そこから教育の理論や実践を導き出したことに倣《なら》い、冷静かつ知的な距離を保ちつつ、まず自分なりに女史の教育観・教育論に触れることが大切ではないかと考えるのである。本書が、その一助となることを願う次第である。

　本書の訳出にあたっては、できる限り原文に忠実に、なおかつ、女史の講演から書き起こされた書ということを念頭に講演を表現するような文体を心がけたつもりであるが、訳者自身の力量不足により不適切な訳語や思わぬ誤りがあるかと思う。読者の方々からの御批判、御叱正をいただければ幸いである。本文中では、人名・地名については（　）に英語表記等を付し、必要と思われる専門用語には〔　〕として訳注を付け、補った。

最後に、多くにおいて御指導を頂いた上智大学平野智美名誉教授に心から感謝申し上げます。

また、本書の出版を御快諾下さった青土社　篠原一平氏に深く感謝を申し上げます。

二〇一八年　十月

訳者　田中正浩

本著作は一九九二年にエンデルレ書店より刊行されたものです。

人間の可能性を伸ばすために

実りの年　6 歳〜12 歳

新版

2018 年 11 月 20 日　第 1 刷発行
2024 年 5 月 10 日　第 2 刷発行

著者——マリア・モンテッソーリ
訳者——田中正浩

発行者——清水一人
発行所——青土社

〒 101-0051　東京都千代田区神田神保町 1-29　市瀬ビル
［電話］03-3291-9831（編集）　03-3294-7829（営業）
［振替］00190-7-192955

印刷・製本——ディグ

装幀——松田行正

ISBN978-4-7917-7105-9
Printed in Japan